賢く納めて得をする「税金」のヒント65

戸田会計事務所
戸田裕陽

万来舎

prologue

はじめに

税金の仕事をしているのに、私は税金の話があまり好きではありません。この本で7冊目の出版になりますが、税金の本がまだ2冊目なのもそのせいでしょうか。

しかし好きでなくても、私たちのビジネスは税金を考えずに進めることができません。税金という難物を乗りこなすかどうかで、結果に大きな差が生じてしまうからです。

節税対策の本は数多く出版されており、どの本でもこまごまと節税手法が解説されています。いずれも完璧なのですが、私が読んでみて思うのは、内容があまりにも硬すぎて楽しくないというとでした。それと、わかりにくいということです。そもそも税金などというテーマそのものに楽しさがありませんから、無理もありません。

そこで私はこの本を、**経営のなかにおける税金**という観点でまとめてみようと思いました。税が一人歩きするのではなく、あくまでも経営のなかの一つの歯車として税が存在するという考え方です。税というテーマを、経営のなかの一つのパーツとして捉え、相互の関連性を重視したのです。それに長い税理士業務での体験を充分に折り込んでみました。

私の事務所のホームページに「楽しく読んでタメになる税金の話」というコーナーがあります。そこに掲載したものに若干の追加をして、本書を仕上げてみました。構えず力を抜いて、サラリとお読みくださいい。中に一つでもビジネスのヒントになるものがあれば幸いです。

CONTENTS

第2章 節税の知恵 ―― 047

第3章 税制の賢い活用法 ―― 103

第4章 経営者と税金 —— 149

第1章

税務調査との付き合い方

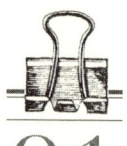

01 架空仕入は、こんなところからもバレてしまう

税務署員が**架空仕入**や**架空外注費**を発見する一つの方法についてお知らせしましょう。

まず彼らは、総勘定元帳の「仕入」や「外注費」の科目をチェックしていきます。元帳の中には「相手科目」を記入する欄がありますが、この欄に「現金」と書かれているところをマークします。仕入とか外注費ですから、金額もそれなりの高額になっていると思いますが、通常、これら代金は、銀行振込で支払います。それが現金で支払っているとなると、彼らの目には不自然に映るわけです。もしかしたら予想外の利益があったため、知人・友人に依頼して取引があったように頼みこんだのではないか、という勘グリです。

納税者側から見てみましょう。

事業年度が終了したのでおおまかな決算処理をしてみたら、予想をはるかに超える利益が出ていました。納税額も大変な金額です。
そこで何とか税金を安くしようと思い、気心の知れた友人に架空仕入の話をもち出したところ、気楽に応じてくれたのでつい依頼してしまったというわけです。

すでに事業年度終了日を過ぎているので、銀行振り込みというわけにはいきません。そこで現金で支払ったという形をとったのです。この方法なら遡っていくらでも仕入や外注費を計上することができますが、税務署はそんなに甘くありません。勘定科目の「現金」を見ただけでピンときます。

初めの1回だけであれば、考えられないことではありませんが、その会社だけ何回も続いているとなれば誰が見ても不自然です。

そこで税務署員は、「この会社の請求書を見せていただけますか」と聞いてきます。事務員がその請求書を差し出すと、彼らは入念にそれをチェックします。どこをチェックするかというと、その請求書の汚れ具合とか、字体です。最近新しく作成されたものなのか、事務員か社長が書いたものではないか、という点を見るのです。

ひどい場合では、請求書が見つからないこともあります。後日、請求書をもらう約束をしていたのを、つい忘れてしまったという場合です。納税者が「この仕入は本当のものです」と言い張ったら、彼らは「ああそうですか」と素直に引き下がりますが、すぐ取引相手の調査（反面調査）を行いますので、架空の場合にはすぐバレてしまいます。

そもそも、この事例の本質的な問題点はどこにあったのでしょうか。それは決算期が到来するまで業績が把握されていなかったという点です。現在では毎月試算表を作成するのが常識です。月々の損益を知り、早め早めにできる限りの節税対策を講じていれば、期末になって慌てなくても済みます。さらにもう一点は、納税モラルの問題です。社長の中には、消費税以外の税金は絶対に払いたくないという方がいます。そんな人に何人も会ってきました。

税金の無駄遣いがあちこちで日常的になっているわが国では、心情的には理解できますが、税金を納めないと国家が成り立っていきません。税金を納めたくないから節税をし、それでも不充分なときは脱税行為まで犯してしまうという構図も大きな問題です。

02「資料箋」って本当に怖い！

午前10時ごろ、顧問先のY社から電話がかかってきました。

「いま○○税務署の方が2名見えています。どうしましょうか？」

私は「税務署の方と代わっていただけますか」と答えて、電話で担当者と話しました。そうしたら、彼らは「税務調査」だと言います。

どうもしゃべり方がおかしい、言葉を濁している。長年の経験でピンとくるものがありました。

さらに私は次のように切り込みます。

「決算書に委任状もつけているのに、なぜ事前に会計事務所に連絡がないんですか」

先方も、わかったようなわからないような言い訳を並べていましたが、私は「これからすぐ行きます」と告げて電話を切りました。

このY社が税務調査を受けるということに、私は納得がいかなかったのです。ですから不審に思いました。ここ数年間大きな赤字で苦しんでいる会社であり、3年前の税務調査でも「**是認**」をもらっている会社です。是認というのは、申告通り認めますという意味で、修正申告も一切必要ありません。いわば申告優等生と認められたということです。

不況のため売上も大きく減少し、会社の累積赤字も巨額であり、最近の税務調査で是認をもらっているY社がどうして税務調査を受けるの？　というのが私の疑問でした。予告通知なしで突然訪ねてきたというやり方も、何か胸騒ぎを感じさせます。

Y社を訪ね税務調査官と話したところ、一人は上席担当官でもう一人は中堅どころでした。一通りの挨拶が終了した後、上席担当官は私に次のように話してくれました。

「先生、予告なしで申し訳ありません。実は当社の外注先から社長さんがバックリベートを受け取っていたのです。外注先の税務調査を行ってわかったことなんですが、そのリベート分がY社の収入の部にも、社長さんの確定申告にも計上されていなかったんです」

これだけ聞いて、私にはすべての事情が理解できました。Y社の社長は大変真面目な方でしたので、恐らく魔が差したんでしょう。社長もその事実を全面的に認めたので、税務調査は1日だけで終了しました。

私がこの事例を取り上げたのは、皆さんに「**資料箋**《しりょうせん》」の恐ろしさを知ってほしいからなのです。税務調査をして不審な点を発見すると、税務調査官は「資料箋」というメモを作り、全国のどこの税務署へもそれを送付し、調査をしてもらうような仕組みになっています。今回の事例では、Y社の外注先を調べたところ、Y社社長に対するリベート分が帳簿に計上されていたのです。概して受け取ったリベートはポケットに入れてしまうケースが多いので、「今回のY社社長も、もしかして……」という疑念が税務調査官の頭の中に生じたのだろうと思います。

このように「資料箋」というのは、本当に怖いものです。自分の会社では適正に処理していても、相手企業がズサンな経理処理をしていると、とんだトバッチリを受けることになりますので、くれぐれも要注意です。

この資料箋に記載される項目は、特に限定されていませんので、不正経理に関するものはすべて対象になるということを理解しておいてください。

03 母に支払った役員報酬が否認された

親思いのB社長は、港区で小さな会社を立ち上げ、商売をしていました。

役員はB社長の他に、彼の母親が取締役です。商売も順調になってきたので、社長は彼の母親に毎月20万円の給料を支払うことを決め、その後、実際に支払ってきました。親にもいろいろと迷惑をかけていましたので、社長からすれば親孝行という側面があったのでしょう。

それから3年が過ぎたころ、税務調査がありました。これといった問題点もなかったのですが、調査2日目の終わりごろ、調査官が社長に次のような質問をしました。

調査官「お母さんが役員になっていて、毎月20万円の給料を支払っていますね」

社　長「ええ、そうですが」

調査官「お母さんはこちらの店には週何回くらいいらっしゃるんですか」

社　長「母も実家で商売をしているので、私の会社にはほとんど来ません」

調査官「そうですか。それではお母さんに経理をやってもらっているとか、銀行関係を頼んでいるとかしているんですか」

社　長「いいえ、何もやってもらっていません。ただ設立のとき、役員になってもらっただけです。株主でもありません」

調査官「ということは、給料は毎月20万円ずつ支払っているけれども、会社の仕事は何もやってもらっていないということですね」

社　長「そうです。具体的な仕事は何もやってもらっていませんが、役員になってもらっているので、毎月20万円を支払っています。それが何か問題になりますか」

調査官「大いに問題になりますね。たとえ役員であっても会社に何らかの貢献をしていない人に支払う報酬は経費として認められないんですよ」

結論として、母親に支払った3年間の役員報酬720万円は見事に否認されてしまいました。

この事例から考えられることは、支払った金額の領収証があり、金額的に妥当なものであったとしても、会社業務と関連性のない経費は認められないということです。それがたとえば役員に対する報酬であっても、ということです。会社の仕事をしてくれていない他人様《ひと》に対し、私たちは何らかの支払いをするでしょうか。恐らくしないでしょう。

もし仮に、社長の母親は会社には来ないけれども自宅で経理の仕事をやってもらっているとか、銀行との折衝はすべてやってもらっているとか、週1回か2回、お店に来て掃除をしてもらっているとかの説明があれば、調査官は720万円の否認はできなかったはずです。


支払った金額と、その見返りとしての役務の提供などのバランスが崩れていると、否認されるということを忘れないでください。

たとえば事業に関係のない人物を食事接待したとしましょう。領収証もあります。しかし**業務との関連性**のない場合にはアウトになります。中小企業の場合、B社長のお母さんのような事例はたくさんあると思います。妻であったり、母であったり、兄弟であったりすると思いますが、会社業務との関連性を絶えず頭の中に叩き込んでおきましょう。

04 金の売却にはご用心

土地や建物の値段が下がり、株式も債権も遠慮なく下げ続けるなかで、唯一といってもいいほど値上がりしているのが「金」の価額ではないでしょうか。そのため、金の購入層が拡大し、販売量も大幅に増えているとのことです。

さて税務署は、この金の売買についても網を張ってきました。その内容は、平成24年1月より200万円以上の金を買い取った業者は、その「資料箋」を提出しなさい、というものです。「資料箋」については先にも述べましたが、「情報」を意味する専門用語と解釈してください。要するに、200万円以上の金を売却した人の「情報」を税務署に提出しなさいということです。

これを何のために活用するかというと、一つは「**譲渡益課税**」です。もう一つは「**購入資金の出所**」ですが、こちらの方が本命です。売るということは、買ったことがあるわけで、買ったときの資金はどこから出ているのか、それを税務署は知りたいのです。

金の値段は変動していますが、1kgでだいたい450万円台ではないでしょうか（2013年1月17日現在477万8000円）。実際に1kgの地金を手に持ってみると、ズシッと重さを感じます。見た目が小さいものですから、そんなに重くないだろうと勝手に想像してしまうんですね。そこで金というのは、重さはあるけれども場所をとらないから保管に便利だな、という考え方が成り立つわけです。

火事になっても燃え尽きず、インフレになってもその価値は不変、保管や持ち運びに便利となれば、お金に余裕のある人々は蓄財の一つの選択肢として地金投資を考えます。戦禍の絶えないヨーロッパの人たちが、資産はいつも金製品として身につけているというのも頷けるような気がします。

さて税務署が本命として狙うのは資金の出所です。このような地金を購入する資金の中に不正なお金が紛れ込んでいないだろうか、という点をチェックするわけです。ここでいう不正なお金というのは、あくまでも税金が適正に課されていないお金という意味です。わかりやすく言えば、裏金ということです。

もし仮に裏金で金を購入していた場合、売却した時点で業者から税務署に情報が入ることになりますから要注意です。この点はキチンと押さえておく必要があります。

ですから、サラリーマンや自営業者の方が、真面目に働いて蓄えた資金で購入する場合には、何の問題もありません。売却した際に儲けがあれば、その分の税金を支払うだけで済みます。

05 社長の机の中は狙われている！

S社長は有能な経営者です。自分の仕事にいつも全力投球をしており、先見性もあり、包容力、リーダーシップとも申し分ありません。会社の業績も充分すぎるほど上げています。このS社長の会社が税務調査を受けました。これといった問題点もなく、2日間の調査が終了しようとした直前でした。

調査官「この机は社長の机ですか」

社　長「はい、そうですが」

調査官「恐れ入りますが、引出しの中を見せていただけませんか」
社　長「ええ、結構ですよ。いま鍵を持ってきますから」
調査官が机の引出しの中を見たところ、札束の入った小さな封筒を発見しました。
調査官「社長、この封筒の中の現金は何なんですか？」
社　長「ああ、これは退職した社員の締切後の給料なんです。いつ取りに来てもいいように、ここに保管しているんです。私は退職した社員の、退職後に支払うべき給料は振り込みません。自分で会社にとりに来なさい、と指示しています」
調査官「ああそうですか、珍しい事例ですね」
社　長「私は別に珍しいとは思いませんが。支払わないと言っているわけではないので、ごく普通だと思いますよ」
調査官「ここには何年分くらいありますか？」

社　長「多分4～5年分くらいはありますでしょうか」

調査官が退職社員への未渡し給料を計算したところ、約5年間で700万円近くの金額になりました。直近1年間分くらいは、いつ取りに来るかわからないのでそのまま保管し、それ以前のものについては会社の収益に計上しなさいという税務署の結論になったのです。

収益に計上して税金を支払うくらいなら、今すぐ本人の自宅に送付して支払ってあげるという案も出ましたが、それも不自然であり、実施しないことになりました。

ここで私が問題にしたいのは、調査官の申し入れた「**机の中を見せていただけますか**」という質問に対し、断ることができるのかということです。この場合は任意調査ですから、断ることはできます。捜査令状をもつ「**マルサ（国税局査察部）**」の調査は強制ですから断ることはできませんが、通常の税務調査は任意ですから、机の中の開示を拒否することは可能です。

しかし現実問題として、「断れば疑いをもたれるぞ」という不安感から、ほとんどの場合、どの社長さんも机の中を見せています。

また税務署の調査官には、「質問検査権」が与えられており、強制ではありませんが、納税者にいろいろ尋ねたり、見せてもらうことが職権として認められています。

この事例を通して言えることは、巷間、昔から言われているように「**会社の机の中には変なものは入れておくな**」ということです。

売上除外をしていた会社の社長の机の中から、その除外会社の名刺や小型カレンダーが発見され、脱税行為が発覚したという古典的な話もあるくらいですから要注意です。

社長の机の中は狙われていますから、くれぐれも不審に思われるような物は入れておかないことです。

06 領収証があれば、いいってもんじゃない

わが国の平成24年度の国家予算90・3兆円のうち、税収入は47兆円で、残りは国債という借入

金です。これを家計にたとえれば、30万円の給料しかないのに60万円の生活をしているのと同じです。家庭も国家もこれではいつかは破綻します。

経済不況の昨今、現実に税収入は年々減少しています。その分、税務調査も厳しくなってきており、厳しいというよりも、細かいというのが実感です。好況時における修正申告の内容が、売上除外、架空仕入などが多かったのに対し、最近では各企業もそのような余裕がないため、経費性科目の否認事例が多くなってきています。

経費の中でも、接待交際費が真っ先に調べられます。領収証があるかどうかは当然のことですが、この接待や交際費はどこの誰に対してのものなのか、入念にチェックされます。たとえ領収証があっても、**会社業務に関係のない人々に対する支払いは否認**されます。ですから領収証の片隅に、相手方の名前や人数は書いておくとよいでしょう。

社長の仕事に関係のない人々との飲食などもよく問題になります。ゴルフ好きの社長さんも要注意です。仕事に関係のない人たちとのゴルフ、自分一人だけのゴルフ、これらも発覚すれば否認されますので、やはり領収証に同行した取引先の名称、プレーヤーの名前などをメモしておくとよいでしょう。

得意先に対して行う**贈答品**にも注意が必要です。高級ブランド品で金額の高いものは、実際は得意先に対する贈答品ではなく、自分用のものではないかと疑いをもたれることがありますので、贈答先の氏名をメモしておくことが大切です。

旅費交通費についても、金額の大きいものはマークされます。実際にあった話ですが、東京の会社が盛岡までの出張で25万円くらいを旅費交通費として支出していました。調査官が社長に説明を求めたところ、求人のために社員1名と共に行動した交通費・宿泊費だということでしたが、よくよく調べていくうちにこの経費は社長ご夫妻の観光旅行だということが判明しました。

支払手数料という科目もよくチェックされます。領収証は完全に揃っており、相手方もキチンと申告はしていますが、業務との関連性をしつこく聞かれます。どこの会社のどのような仕事をやってもらった手数料なのか、ということをです。これも実際にあった話ですが、社長の趣味に関するリサーチを依頼し、その手数料を会社の経費で支払っていたという事例がありました。発覚して見事に否認されました。

このように最近の税務調査では、領収証や請求書が揃っているだけでは不充分で、**業務との関連性**を事細かにチェックしてきます。そして個人的なものや、業務に関係のない支出は、容赦なく否認してきます。まあ、せちがらくなってきたと言えばそれまでですが、納税者もこの辺りの事情は充分認識しておく必要があります。一つひとつは小さくても、3年間とか5年間をまとめると結構な金額になってしまうというのが私の実感です。

ですから「領収証さえあればいいいんだ」という考え方はすぐ捨てるようにしましょう。会社業務との関連性が重要です。

07 「マルサ」って本当に怖い（その1）

「マルサ」というのは、体験した人でないとわかりませんが、本当に怖いです。突然数人で訪ねてきて、いきなり命令口調でしゃべり出します。

「私どもは東京国税局の査察部の者です。これより御社の税務調査を行いますので、皆さんその場から動かないでください」

こんな調子ですが、口調がとても厳しい。初めて彼らの言葉を聴いた人は、自分の耳を疑うでしょうね。それもそのはず、彼らは裁判所の捜査令状をもっています。捜査するのに会社側の同意を必要とすることなく、勝手に金庫の中や机の中の書類を見ることができます。納税者は拒めません。もし拒んでも、金庫の鍵を壊してでも開けてしまいます。少しでも動く人がいると、大きな声で「そこを動かないでください。書類に手を触れないでください」と凛とした声が響きわたります。そして彼らは、怪しいと思われる書類を段ボール箱に詰めこんで引き揚げていきます。人数は規模によって異なりますが、数人から数十人にわたる場合もあります。

「マルサ」は通称名で、正式名称は「○○国税局査察部」です。以前『マルサの女』という映画が公開されました。山崎努さんがラブホテルの経営者で脱税をしまくり、これを宮本信子さんという女優さんがマルサ役で脱税を暴いていくというストーリーです。内容もさることながら、お二人の好演ぶりに目を見はったものです。

税務調査には、**任意調査**と**強制調査**があります。通常私たちが受ける税務調査は、税務署の調査であれ国税局の調査であれ、任意調査です。ですから、「この書類は見せるわけにはいきません」が通用する世界なんです。しかしそれをやると、逆に疑われますので、現実の世界ではあまりありません。しかし「マルサ」は強制調査なので、納税者の拒否が通用しません。警察の取り調べに通じるものがあります。むしろ初めのアプローチは、警察の方がソフトかもしれません。

証拠書類などを押収したマルサは、職場に戻り多人数で綿密な取り調べを行います。その後、裏付けをとった後で納税者を呼びつけて、訊問を行うという段取りです。

マルサは、いきなり納税者を訪ねるようなことはしません。入念な事前調査を行い、ある程度の確証を得てから動きます。最短でも3か月、場合によっては1年くらいかける調査もあります。彼らが内偵調査に入るキッカケとなる情報源は何なんだろうという点は、非常に興味のあるところですが、これだという確たる説はありません。強いて言うならば、「すべてが情報源」ということです。

マルサの嫌らしいところは、会社だけに強制捜査をかけるのではなく、社長の自宅や疑わしき役員の自宅、関連会社、愛人の自宅なども捜査対象にするということです。これは結構大変なことです。社長は脱税をしているので、その辺りの事情はある程度承知していても、何の相談も受けていない奥様や愛人たちは、寝耳に水のマルサの訪問です。

それも彼らは、朝の8時前後に訪ねてきますので、本当にビックリします。子供さんを学校に送り出しているお母さんもいます。そこにイカツイ表情の男性が複数訪ねてくるのですから、母親ならずとも子供さんまでビックリします。隣近所の手まえもありますし、そのショックは相当なものです。もとをただせば、自分の亭主が大口脱税をしているのだから仕方ない、という部分もありますが……。

08 「マルサ」って本当に怖い(その2)

綿密な書類審査の後、マルサは関係者を国税局に呼び出します。大勢の人数を同時に呼び出しません。少人数、一人ずつが最も多いですが、この呼び出しが実は大いなる恐怖なのです。脛に傷もつ身であり、すでにマルサの現況調査を受けた後の呼び出しですから、自分たちのしたことが良くないことであり、これからその糾弾を受けるんだという不安が頭をもたげます。

1階の受付を済ませ、エレベーターで階上の取調室へ行くのですが、このときの緊張感は最高潮に達します。取調室は小さい部屋です。映画やテレビで私たちがいつも観ている、警察の犯人取調室程度の広さです。そこに呼び出されて、脱税の意図、方法、資金の使途などをこと細かく、同じようなことを何回となく訊問されます。終了時間は不定です。彼らも公務員ですから、5時に終わりにすればいいのに、この時ばかりは何らかの区切りが見つかるまで続けられます。そして、「翌日また来てください」というケースも多々あります。

神経の細い方はなかなか大変です。相当疲れます。彼らは、このようなことをよく言います。「私たちは決して会社をつぶしませんよ」と。会社をつぶしてまで税金を徴収しませんよ、という意味でしょうが、なかなかどうして、マルサに入られた後の会社の状況は、いずれもパッとしません。

徴税コストの面から考えると、マルサは大赤字だそうです。そうすると彼らの真の狙いは何なのでしょうか。

それはズバリ「**刑事告発**」です。脱税を暴くことを通じて、犯罪を立証するキッカケを作ることにマルサの目的があります。ですから調査後、一定件数の書類は検察庁に送付されます。脱税疑惑者は国税局査察部の取り調べの後、検察庁の検事から犯罪性有無の取り調べを受けることになります。これはマルサ以上にキツイです。もし犯意ありと認定されれば刑事罰が科されます。執行猶予のつく刑が多いのですが、**マルサが手がけた案件のうち70％程度は刑事告発される**そうです。

内偵調査、マルサの来訪、呼び出し調査、検察庁からの呼び出し調査などを一通りこなすと、その人は相当衰弱します。なかには剛の者がいて、税金を払えばいいんだろうと開き直り、以前と同じように頑張っていますが、このような人は稀です。多くの人は相当大きな落ち込み症状を見せます。これは当然でしょう。私の知人がマルサの調査を受け、刑事告発されて執行猶予1年6か月付きの有罪判決を受けました。彼は巨額の脱税額を支払った後、間もなく「ガン」を発症し、亡くなりました。実に惨めでした。

マルサの調査とガンの発症との相関関係はわかりませんが、一連の動きが肉体的にも精神的にも彼に非常に大きなストレスを与えたであろうことは想像できます。

マルサについて、私の知っていることを少々記してきましたが、真面目にコツコツとビジネスをしている人は、何も心配することはありません。マルサは大口かつ悪質な脱税をしている人または会社だけが対象ですから、いたずらにマルサを怖がる必要はありません。

おおまかに言って、税金の最高税率は現在、法人41%、個人50%ですから、儲けの100%を税金でもっていかれるわけではありません。しかしながら、法に触れない節税対策は充分研究し、**税引後利益の極大化**を図る努力は怠ってはいけません。

09 税務調査の際、最も狙われるのは社長の机の中

税務調査の際、税務署が最も目を光らせるのはどこかご存知ですか。そう、05「社長の机の中は狙われている!」でも書いたように、彼らが最もマークするのは社長の机の中です。それもいきなり机の中を見るということはありません。調査がある程度進み、彼らが不正の臭いを感じた後です。この会社は何か怪しいなと彼らが感じ出したとき、彼らは物腰柔らかく丁寧な言葉遣いで、「この机は社長の机ですか」と、ゆっくり訊いてきます。決して高飛車ではありません。それに安心して、社長さんは簡単に机の引き出しを開けてしまいます。

引き出しを見るとき、彼らは勝手に中の物をグチャグチャ動かしません。「これは何ですか、見せていただけますか」とソフトに声をかけ、自分の手にその品物を渡してもらいます。渡してしまってから社長さんはその品物に気付いて、ハッとしてしまいます。これが原因で大きな売上除外や架空仕入、架空経費が発覚した例は数多くあります。

以前より古典的な話として次のような事例がありますが、皆さんご存知でしょうか。机の引き出しの中から、あるライターが出てきました。社長は煙草を喫わないので、不審に思った税務署員は、そのライター会社との関係をトコトン調べたそうです。その結果、そのライター会社の売上を除外していた事実が判明したというケースです。

通常の税務調査（「マルサ」以外）の場合、税務当局は**強制捜査権**を持っていません。ですから、彼らが求めてきても、その要求を拒むことはできます。しかし拒むことにより、余計不信感を持たれるという思いから、ついつい提示してしまうのが常です。

私が体験した机の中の事例では、得意先から受け取ったバックリベートを詳細に記録したノートを、社長の机の中に保管しておき、発覚したというケースがありました。この脱税の被害は、想像をはるかに超えるほど甚大で、私がその詳細をここに記すことができません。それほど強烈なものでした。

　これ以外にも、社長の机にまつわる失敗談はたくさんあります。金庫の中は皆さんよく注意されますが、社長の机の中はノーマークの方が多いようですので、ご注意ください。鍵のかかる机で、調査当日鍵を紛失して開けられない場合は、不信感を抱かれ調査日数が延長される場合もありますので、くれぐれもご用心を。

10 税務調査の結果に納得いかない場合の対抗措置

　税務調査の現場は、非常にドロドロした世界です。一つの案件につき、税務調査官は否認しようとし、会社側はその妥当性を主張して否認されないように頑張ります。実際に体験された方はおわかりでしょうが、案件が複雑になればなるほどその攻防は激しくなります。

　税務調査官の習熟度や担当税理士の実力によってその結果は大きく左右されます。しかし一通りの調査が終了し問題点が明らかになると、調査官は修正申告書の提出を会社に促してきます。この修正申告書を提出して税務調査は終了するわけですが、会社側がその修正の内容を認めることができず、修正申告書の提出を拒否した場合はどうなるのでしょうか。

税務署の主張する修正の内容が納得できない場合には、修正申告書の提出を拒むことができます。

「税務署が否認する○○については納得できませんので、修正申告書の提出は致しません」

これで充分です。そうすると税務署は「更正」という名の行政命令を送付してきます。これは一種の命令書です。

「○○については否認します。本税及び延滞金△△をいつまでにお支払いください」といった内容のものです。実際の税務調査では、双方の主張に食い違いがある場合、相当突っ込んだ話し合いが行われます。そして結果的には、修正申告書を提出して終了というケースがほとんどです。

しかし本当に納得できない場合には、また会社の処理が税法の規定にのっとっている場合には、税務調査官に次のように告げるのも一つの方法です。

「修正申告書は提出しません。更正決定してください。更正の内容に納得いかなければ、『異議申し立て』を行います。場合によっては『審査請求』までやります」

調査官にとって実にイヤな言葉です。**異議申し立て**や**審査請求**などされたら、必要以上に時間をとられます。「決定」の段階で、多少会社側の言い分を聞いてくれるかもしれません。異議申し立ては、更正を受けた翌日から2か月以内に、管轄の税務署長に対して行います。この2か月以内という点を忘れないでください。以前私が相談を受けた事例で、2か月以上経過した異議申し立てがありましたが、もちろん受理してもらえませんでした。

異議申し立てがあると、税務署は更正の内容を見直し、妥当かどうかの判断をします。そして新たに税務署としての処分を通知することになります。その内容が容認できるものであれば、この一件は終了しますが、もし納得することができなければ、国税不服審判所に「審査請求」をすることになります。

国税不服審判所への審査請求は、異議申し立てに対する税務署長の異議決定の通知を受けた翌日から1か月以内にやらなければなりません。期間の短い点に充分留意してください。国税不服審判所は、納税者と税務署の双方から事情を聞き、審査を行います。その結果を納税者に通知することになりますが、だいたい納税者に有利となるような判断が下されるのは、おおよそ**20%前後**と言われています。

そして国税不服審判所の決定に不服がある場合には、最後の手段として裁判で決着をつける**税務訴訟**に持ち込む以外にありません。

この税務訴訟は、国税不服審判所の審理後でないと受理されません。そして納税者側の勝つ割合は約10%程度ですので、訴訟費用のことも考えると厳しき門と言わざるを得ません。ただ最近では、税理士にも法廷陳述権が与えられ、納税者の勝訴率も少しずつ上がっているようです。

税務署の考え方と会社側の見解とが相容れない場合には、不満タラタラで修正申告書を提出するよりも、異議申し立てや審査請求も視野に入れ抗弁していくのも一つの方法です。私も以前、修正申告書の提出を拒否したことがありました。金額の大きな案件でしたが、幸い私の主張が認められ、決定の通知は来ませんでした。

税務署に対しては、彼らの仕事を正しく理解して聞く耳はしっかりもち、主張すべきは主張するのが基本姿勢ではないでしょうか。

11 税務調査対象企業はこうして選ばれる

税務調査の選定基準はどのようなものでしょう。

わが国の法人数と税務署の調査人員との関係から、1年間に実地調査できる法人数は、全体の10％弱と言われています。となると、効率よく税務調査を実施するためには、調査企業の選定を上手に行う必要があります。調査しても増差所得が出てきそうもない企業は外します。

税務署員にも「**調査件数**」と「**増差所得**」の二つのノルマがあります。増差所得とは、追徴税額の基礎となる所得のことで、修正申告書で明らかになります。この二つのノルマを達成するために、税務署は税務調査対象企業を選定します。以下にその選定基準の一端をご紹介します。

①有力な脱税情報のある企業
タレ込み、投書、資料箋、反面調査、その他何でも結構です。脱税情報の疑いがある企業は、真っ先に税務調査の対象となります。この情報は結構当たる確率が高いのです。

②好況な事業者

増差所得を発見し、追徴税額を納めてもらうという税務調査の目的からみれば、好況業種ビジネスは格好の標的となります。近年の不況で好況事業が少なくなりましたが、精査することにより少なからず発見することはできます。好況業種であるが故、所得の隠蔽工作も派手な場合がよくあります。

③脱税の多い業界

パチンコ業に代表されるような日銭商売は狙われやすい業界です。売上除外は簡単にできそうですし、納税モラルも決して高い方とは言えません。増差所得を狙うのであれば、この業界は格好のターゲットです。美容形成外科などもこの業界に含まれています。

④過去の大口脱税経験者

麻薬で逮捕された人の6割以上は、再犯に及ぶそうです。脱税経験者にも同様のことが言えます。税務署はその辺りの心理分析を通じて、調査企業の選定を行います。私の体験からしても、過去に大口脱税をして痛い目に遭った人が、その直後は改心するとは言っても、すぐ元に戻ってしまった事例がいくつもありました。

⑤不自然な万年赤字企業

不況業種でもないのに、長い年月にわたり連続赤字決算の会社は、狙われることがあります。長期間連続赤字というのは不自然なものを感じさせます。赤字もあれば時には黒字もある、というのが実態に近いのではないでしょうか。

以上、税務調査企業選定について述べてきましたが、私が体験してきた**税務調査の少ない企業**についていえる二つの共通点を挙げておきます。

その一つは、**本店所在地を頻繁に変えている企業**です。税務調査を逃れるためにそうしているのかどうかわかりませんが、ほぼ3年目くらいに変更しています。税務署は管轄外の企業の調査に口出しできません。そろそろ調査しようと思っていると、本店移転で手が出なくなります。

もう一つは**大口の繰越欠損金のある企業**です。調査の結果、増差所得は把握できても追徴税額の納付には至らないというケースです。所詮税務署も、増差所得のみならず、実際の追徴税額が欲しいというところでしょう。

12 資金出所から脱税がバレた！

脱税は、税務調査の際に発覚するものだと思っている人がいたら、これは明らかに間違いです。もちろん税務調査で発覚することが最も多いのですが、そればかりではありません。たとえば物品などを購入したとき、その資金出所を追及され、そこで発覚するケースが実に多いのです。土地を購入したとか、家を建てたとき、また高級外車や高級貴金属を購入した場合など、「資料箋」という書類が全国を飛び回ります（本章02参照）。これにより税務署の調査を受けることになり、結果として脱税が発覚することになります。

私の知人の話です。周囲から将来のインフレ予測の話を聞き、手許で遊んでいる資金でつい最近、地金2kgを約900万円で購入しました。この資金は、以前飲食業をやっていたとき、裏金として貯めこんだ資金の一部で、もう税務署の調査も終わっていたので何の心配もしていませんでした。

ところがあるとき、税務署から一通のハガキが届きました。お尋ねしたいことがあるので、来署してほしい旨の内容でした。税務署に出頭して驚きました。地金を購入した店から「資料箋」が出ていたのです（本章04参照）。地金を売った店が、客の購買情報を税務署に知らせるなんて考えてもいませんでした。税務署とのやり取りで問題になったのは、購入した事実ではなく、その資金の出所についてでした。

税法の時効は通常5年です。しかし脱税などの悪質なものについては、7年になります。なおかつ、更正・決定・督促などがあった場合には時効が中断されますので、またゼロからのスタートになります。このように考えると、税法の時効は意外と長い期間になるので要注意です。前述の地金を買った資金は、2年前に売上除外をして貯めこんだものでしたが、3年前に飲食業の税務調査は受けていました。

結局、私の知人は、９００万円の所得漏れとして税金を支払う破目になったのです。

資金出所を追及されて脱税が発覚するケースは、数多くあります。親族間で目立つのは、子供が家を建てるとき、または事業を始めるときなど、子供のために親が資金提供する場合です。

税務署から呼び出しを受け、親は息子に貸し付けましたと言い訳をしますが、税務担当官から「金銭消費貸借契約書はありますか」と尋ねられても、「ありません」と答えるしかありません。「利息は支払っていますか、元金の返済はしていますか」の質問にお手上げです。親子ですから、ある時払いの催促なしが普通でしょうが、契約書もなし、3年間、利息や元金の支払いもなしの場合には、贈与したものと認定されるケースが多いようです。そうなれば当然、贈与税を支払わなければなりません。

くどいようですが、何かを購入するときや、多額の金額を支払う場合には、必ず資金の出所を追及されるものと覚悟しておきましょう。

第2章

節税の知恵

01 会社の不動産を社長に売却して節税する

決算直前になり、予想外の利益が見込まれる場合、どのような節税策が効果的でしょうか。会社名義の不動産をお持ちの会社を対象に考えてみましょう。

デフレ経済が20年近くも続くと、株式にせよ不動産にせよ、当然、その価値は大幅に下がります。税法では、株式の評価は期末の時価で算定されますが、不動産（土地・建物など）については時価評価が認められず、原則として取得価額で評価されます。建物については減価償却が認められていますから、少しずつ減額されていきますが、土地については認められていないので、取得価額がいつまでも期末の評価額になります。要するに評価損が認められていないということです。右肩上りの成長期であれば、これも納得できますが、デフレ期の現在ではアンマッチな感が否めません。

具体的に言えば、たとえば2億円で買った土地が現在、時価5000万円に下がったとしても、その差額1億5000万円は評価損として計上できないということです。貸借対照表には土地2億円と記載されますので、真実の資産状況を表示していないことになります。

ところが評価損は認められなくても、売却損は堂々と認められますので、この1億5000万円の損失を計上したい場合には、誰かにこの土地を売却すればよいことになります。とはいえ、自分の会社のある土地を第三者に売却することには抵抗があります。万一明け渡しを求められたらどうしようか、という不安です。

そこで節税策です。会社名義の土地、建物の不動産を、社長個人に売却するのです。社長以外の家族でもよいです。そしてその方から、その土地建物を賃借するのです。賃借料は支払うことになりますが、巨額な売却損を計上するので、税金の支払いが少なくなります。

この方法なら、不動産が第三者の手に渡らず、売却損が認められるので一石二鳥です。ただ社長が買うにしても、家族の誰かが買うにしても、**購入資金の出所**は調べられるので要注意です。それと**売却額の妥当性**が問われますから、不動産鑑定士に評価してもらうのがよいでしょう。また、ご近所の不動産屋さんに相場を聞いておくのも一法です。

それともう一つ注意すべき点は、事業年度末までに売買を行い、できれば所有権移転登記を完了させておいた方がよいということです。


仮にある会社が、当期5000万円の利益を計上するとします。このまま申告すれば約40％の2000万円相当額の税金を支払わなければなりません。しかし、この2億円の土地を社長に5000万円で売却し、1億5000万円の損失を出せば、会社が支払う税金は住民税の均等割だけで、安くて7万円（資本金の額により異なる）だけで済みます。さらに残りの売却損1億円は翌期以降に繰り越すことができるので、利益と相殺することができます。

不動産をもっていても、何らかの事情で売却することができない場合もあると思いますが、節税策の一つとしてこのような方法もあるということを知っておくと便利です。

02 社長の退職は、業績の良い時期が望ましい

和食レストランを経営するB社の社長は、今度の誕生日を迎えると75歳になります。直営店を3店舗経営し、そのうちの1店舗の店長は社長の長男が務めています。糖尿病を患っている社長は、3年ほど前より自分は会社を退職し、社長の椅子を長男に譲ろうかと考えていました。

そのことを税理士に相談したところ、「社長のポストを息子さんに譲るのであれば、社長退職金が出せますから、会社の業績の良い時期を選べば大きな節税策にもなりますよ」と言われました。

以下は、社長と税理士との会話です。

社　長「私の場合、退職金はどのくらい貰えるんですか」

税理士「社長の現在の月給は200万円でしたよね。社長になってから何年くらいになりますか」

社　長「親父が死んだのが私が45歳の時ですから、かれこれ30年になります」

税理士「もうそんなになりますか、早いもんですねえ。そうすると200万円に30年を乗じて6000万円になります。さらにその全額を2.5倍するとざっと1億5000万円になります。この辺りが税法上認められている社長の退職金相場です」

社　長「えっ、そんなに出せるんですか。すごいですね。ところで2.5倍の意味は何ですか」

税理士「これは**功績倍率**といいまして、長い間の会社への貢献度評価のようなものです。代表取締役の場合には、2.5〜3倍が功績倍率とされています。役職によって少しずつ下がっていきますが」

社　長「そんなに貰えるんなら、今期末で私は社長を退陣して長男を社長に就任させるという手はどうでしょうかね」

税理士「私もそれがいいと思います。前期は利益5000万円でしたが、今期の利益は約2億円くらい出ますので、節税面での効果も大きいですし、資金繰り的にも問題ありません」

このような経緯で、Ｂ社の社長交代劇は始まるわけですが、ここで若干補足説明しておく項目があります。その一つは退職金の税金です。

１億５０００万円を給与として貰うと、住民税も併せると50％の７５００万円となりますが、退職金の税金は優遇されているのでそんなに高くありません。平成24年6月の時点では、３０２７万９０００円（約20％相当分）ですから、給与でもらうよりはずっと得になります。

さらにもう一つ、社長退職金の額を決める要素として、**勤続年数と退職時の給料**があります。退職金のことまで考えて社長の給料を決める例は少ないと思いますが、退職時の給料が高い方が確実に退職金も多くなるという現実を注視してほしいと思います。

社長退陣の意思がある場合、ただ思いつきで退陣するのではなく、節税策の一つとして役員退職金の活用も考慮しておいてください。金額が大きい分、効果も大です。

03 債権放棄という手段もあります

景気が悪くなると、売上が伸びないばかりでなく、売掛金の回収が遅れることも多くなります。会社の資金繰りを圧迫し、経営者の悩みの種となります。給料や家賃、その他の経費の支払いは待ってはくれません。さりとて銀行に融資を申し込んでみても、選別融資で本当に資金を必要としている企業には貸し出さず、必要としない優良企業には「借りてくれ」の一点張りです。

そこで少しでも税金を安くするために私がお勧めするのが、回収が非常に難しいと思われる売掛金の「**債権放棄**」です。

この債権放棄というのは、言うは易し、行うは難しの性質を有しています。もう少し待っていれば支払ってくれるのではないか、という強い期待感があるからです。回収不能に近い売掛金を、そのまま保有して税金を支払うよりも、債権放棄して税金を安くした方が得な場合があるので、難しいテーマですが一考に値します。

仮に売掛金100万円が過去5年間滞っている得意先があるとします。この会社の景気もずっと鍋底で、倒産こそしていませんが、いまだにいつ支払ってもらえるのかわかりません。前にお世話になったことのある会社だし、社長の人柄に好感がもてるので、こちらもついつい甘くなってしまいます。

ところが何と、この100万円のために40万円の税金を支払っているのです。

ある一定の要件に該当すると、売掛債権などの50%を損金算入できる「**個別評価貸倒引当金**」という制度を適用できますが、これとて万全ではありません。会社更生法の適用を申請し、それが認められた場合でも100%の貸倒処理はできないのです。

その後の手続きで残余財産の分配をしてくれますが、それに要する期間は長く、分配される金額もだいたいですが債権額の2~3%くらいが多いようです。この残余財産の分配が終了した時点で、分配額を控除した金額が貸倒損失として認められることになります。気の遠くなるような話です。

このようなことでいたずらに時間を浪費し、無駄な税金を支払うよりも、いっそのこと売掛債権を放棄して貸倒損失を計上した方が得策となる場合もあると私は考えます。

確かにこのテーマでは、見極めが肝心です。もう少し待てば全額回収できたのに失敗したという、悔しい思いをすることもあります。またその反対に、長い間待ってあげたのに倒産してしまったという苦々しい思いをすることもあります。

しかし経営とは、思い切りが肝心です。決断力とでもいいましょうか。吉と出ることもあれば凶もある。経営者の訓練にもなります。回収が難しくなるということは、売る時の状況判断にも甘さがあったということです。

「**代金を回収してこそ売上なり**」というしっかりした哲学をもちましょう。

04 決算期を変更して利益を圧縮する

決算期を変更したいという話は時々あります。多くの会社の決算期が3月だから、ウチもそれに合わせたいとか、現在のままでは決算提出月の業務が忙しすぎるからもう少し暇な時期に変更したいとかです。

そもそも決算期はいつがよいのでしょうか。大手企業の多くは3月決算が多いのですが、中小企業の場合は無理して3月に合わせない方がよいでしょう。むしろ**業績が落ち込む月を決算期にする**のが良策です。希望を言うならば、決算期から少しずつ業績が回復していくのが理想です。その理由は、中告納税時期には資金繰りが好転するのがよいからです。

しかし、ここで言う決算期の変更とは、前述の理由とは若干異なり、あくまでも節税を目的としたものです。

6か月が経過して月次決算を組んでみたところ、予想に反して大幅な利益が計上されていました。これ自体は非常に喜ばしいことですが、支払う税金のことが心配です。さらに嬉しいことに、決算直前の3か月間に超大型の商談がすでに成立しています。

これらを売上に加えると、今期の売上や利益は創業以来最大の金額となり、納税額も途方もない額になりそうです。しかも悪いことに、来期の業績見通しがまったく立っていません。むしろ大幅な赤字が予想されるのです。このまま推移すると、今期は大幅利益、来期は大幅赤字ということになります。

さてこのような事例のとき、決算期を変更して当期の利益を圧縮するという方法があります。決算直前の3か月間に超大型の商談があるのですから、その直前に決算期を変えてしまうのです。要するに現在の決算期を、3か月前にもってくるという考え方です。ということは、当期の決算期間は9か月になり、来期以降は通常どおり、12か月になります。

この方法は2年間を通算すれば同額の利益となりますから、納税額も同じになり何のメリットもないように思われますが、来期の業績が大幅悪化すると予想できる場合に、一考の余地のある方策といえます。今期多額の税金を支払い、来期は大幅な赤字となるため還付請求をして支払った税金を返してもらう、このような手間をかけず資金繰りを潤滑に行うためにはとても便利な方法です。

事業年度は最長が12か月ですから、それを超えて長くすることはできません。しかし短くすることはできます。もし短縮する場合には、「**事業年度変更届**」を税務署に提出し、新しい決算期に合わせて決算書を提出しなければなりません。もし従来の決算期が10月とした場合、7月に変更するわけですから、決算書提出と事業年度変更届の提出期限は9月末日となります。

期末に超大型商談が見込まれ、来期以降の業績が大幅に悪化することが予想される場合において、決算期を変更することに何の障害も発生しないようであれば有効な手段といえます。

05 真の節税とは、現金支出を伴わない

節税というのは、一見簡単そうに見えて実は非常に難しいテーマです。

節税策を駆使して支払う税金を少なくするというのがその本来の趣旨ですが、この考え方が暴走しすぎて、企業の成長発展を阻害したり、ひいては企業の息の根を止めてしまうことも少なくありません。

たとえば、税金を払いたくない社長さんがいます。彼は税金を0にするため、社員の給料を信じられないほどの高さにしてみたり、不必要な無駄な経費を湯水のごとく使いまくります。そし

て必要ない社員を雇い入れ、無駄な人件費を支払っています。当然自分の給料も高くしてあり、私生活も贅沢三昧です。

そのうちに不況がやってきました。ところが銀行に借り入れを申し込んでも、内部留保が少ないためお金を貸してくれません。社員の給料を下げようとしたら、不満が噴出して多くの社員が辞めてしまいました。社長の個人的資産もあまりありません。まさしく八方塞がりです。

このようなことがなぜ起きるかといえば、税金を安くすることが節税なんだと勘違いしているからです。どのような方法を使っても税金が安くなれば、それでよいという考え方です。相撲や囲碁・将棋の世界で、封じ手というのがあります。節税の中にも禁じ手というものがあることを理解していただくことが大切です。

その禁じ手とは「**現金支出を伴う節税はやってはいけない**」ということです。

利益が上がったから、高額な決算賞与を社員に出そうとか、全員で海外旅行に出かけようとか、さらには備品などの交換や買い増しをしようとして、現金を支出して利益を圧縮しようとする方法です。

決算賞与や海外旅行は、社員のモチベーションアップにつながりますから良いとしても、それ以外の現金を支出して利益を圧縮する方法は好ましいものではありません。確かに経費が増えるので税金は安くなりますが、同時に資金繰りを悪化させてしまいます。これでは本末転倒です。

「真の節税とは、現金支出を伴わないものである」ということを肝に銘じてください。

ということは、税法を熟知し、そのなかでできる限りの節税策を講ずるべきだということです。資金を出すのであれば、節税という見地からではなく、会社の発展・成長のために行われるべきものと考えます。

現金支出を伴わない節税方法はたくさんありますが、気づいたものだけを次に掲げてみます。

①棚卸資産の評価方法
期末在庫の時価が取得価額より下がっている場合には、時価評価が認められています。
②家賃など経費の1年分前払い

③回収不能債権の債権放棄による損金処理
④減価償却の特別割増償却
⑤会社所有不動産の売却損計上（社長）
⑥諸未払経費の計上
⑦その他

このほかにもたくさんありますので、ご検討ください。

最後に社員への決算賞与について、私の体験から気づいたことを書いておきます。業績の良いときに決算賞与を出すことは良いことです。しかしこの良いであろうことが社員の不満を誘発させることもありますので、次の2点は注意してください。

①あまり高額にしないこと
②毎期継続しないこと

この2点を誤ると、社員は決算賞与は毎年もらえるものと勘違いしてしまいます。そうなると業績の悪いときの不支給に対して不満が出てきます。これで失敗した社長さんをたくさん知っています。決算賞与に関しては若干のルールがありますので、必ず税理士に相談してください。

06 決算賞与で節税、しかしこの点に注意すべし

決算を組んでみたら、意外と利益が出ていた、ということはよくあることです。そんなときの節税策の一つに、従業員に**決算賞与**を支給するという方法があります。経費が増えますから確かに利益は下がり、税金も安くなります。しかし決算賞与として現金が支出されることも忘れてはなりません。社員が一生懸命働いてくれたので業績も上がったわけですから、利益還元策としての必然性はあるわけですが、税法もこの点をバックアップしてくれています。

税法では次の3点をクリアできれば、社員への決算賞与の未払計上を認めています。

①決算日までに個人別支給額が決まっており、各人にその金額が通知してあること
②決算で未払賞与として損金経理してあること
③決算後1か月以内に、全員に支払っていること

この3点はいずれも簡単なことです。この内容を知っていれば、どの会社でもすぐ決算賞与の損金計上はできます。しかしこの決算賞与には、現実的な問題点が隠されていますので、ここで明らかにしたいと思います。

10年近く前の話になりますが、社員を非常に大事にしている社長さんがいました。ある期に予想を上回る利益が計上できたので、これも従業員が頑張ったからだと、決算賞与を支給することにしました。従業員がビックリするような金額を支給したのです。従業員から神様のように祭り上げられた社長は、大満足です。

「私は税金を支払う代わりに従業員に決算賞与を支払い、大いに喜んでもらった」とご満悦でし

た。翌期も業績が良かったので、前年よりも若干少ない金額でしたが決算賞与を支給しました。

さてその翌期ですが、突然の不況風に煽られ会社の業績は惨憺たるものでした。赤字にこそなりませんが、過去2年間に比べると雲泥の差です。そこで社長は従業員に対し、業績とその不振の理由を説明し、今期の決算賞与は支給できない旨を伝えました。

そうしたところ、従業員からものすごいブーイングが起こったのです。業績が悪化したのは社長の怠慢が原因で我々の責任ではない、故に社長の給料を減額してでも、決算賞与は支払うべきだというのが彼らの主張でした。それでも支給できなかったため、一部の従業員はそれがもとで退職し、その後も退職の流れは止まりませんでした。現在では少人数で細々と経営を続けています。


なぜこうなってしまったのでしょうか。

初めに言えることは、税金で支払うのなら従業員に決算賞与として支払ってやろうという考え方に問題があったということです。労働の対価として、彼らにはすでに給料を支払っています。今期頑張ったからその恩賞として賞与を少しだけ上乗せしてやろうという考え方が正しいのです。

次に問題となるのは、決算賞与の金額が多すぎたこと。私見としては、どんなに利益が上がっても**上限で通常賞与の50%、理想を言うならば通常賞与の20~30%程度**がよいかと思います。あまり金額が多いと、彼らは期待しますので、不支給時に不満が爆発します。

最後に、最初決算賞与を支給するとき、その性格をよく説明し、業績の悪いときには支給しない旨を徹底して言っておくべきでした。この3点が社長のミスだったのです。

決算直前対策としては、この方法以外にもいろいろありますので、決算賞与に片寄りすぎないような配慮が必要です。

07 〆切後の給料分を損金算入して節税

決算を組んでみたところ、想定外の利益が出ていたので社長はビックリです。早速、経理担当のあなたを呼びつけ、厳しい口調で節税の指示をします。

「○○君、こんなに利益が出ていたのではとても納税することができない、何としてでも利益をこの半額に抑えてくれ」
「社長、それは無理な話です。とても半額になんかできません。もしやるとすれば、それは脱税になります」

あまりにも社長の無茶な要求に腹を立てた経理担当者は、つい口応えをしてしまいます。しかしそうは言っても社長の厳命、口応えはしながらも節税策を模索し始めます。

このような場合、よく使われる方法の一つに、**〆切後給料の未払計上**があります。たとえば、給料の計算期間が毎月21日から翌月20日の1か月間、支給日が末日とすると、当月分の給料は月末時点ではすでに支払済みとなっています。

ところが、当月の21日から末日までの10日分給料は未払として残っています。この部分を計上するのです。1か月分給料の約3分の1を損金計上するので、従業員数の少ない会社では大した金額になりませんが、従業員の多い会社では結構な金額になりますのでバカにできません。

老婆心ながら節税の基本的心得の一つは、**小さい節税策を数多く用いる**、ということです。大きなことをドカーンとやった場合、税務調査の際、その妥当性を問われ、否認されるケースが多々あります。

この節税策の注意点をいくつか述べてみますので参考にしてください。

①給与規程があること

給与の計算期間や、支給日が明記されていることが必要です。就業規則の中にこの2点が明記されてあるだけで充分です。それにより〆切後の給料が債務として確定していることになるからです。

ただ私の今までの体験では、給与規程がないという理由だけで、この〆切後給料の損金計上が否認されたということはありませんでした。

②損金経理してあること

これは当然のことです。給料／未払費用の仕訳で処理しておくことです。

③役員の給与については、この処理は認められません

会社と役員との関係は雇用関係ではないので、月日の経過に伴って債務が確定するとは考えられないからです。

④本件の効果は、初年度の1年間のみです

翌期は洗い替えしますので、この点もお含みおきください。

なお社会保険の会社負担分についても、金額はそれほど多くありませんが未払計上することができます。当期末に支払う社会保険料は、前月分です。

ということは、当月分は来月の末日に支払うので、当月の会社負担分は完全に未払いということです。決算直前の節税対策にはいくつかありますが、要諦は大小おり混ぜて地道にやってみることです。一つひとつは小さくても、社長がビックリするような金額になることも多々あります。

08 「みなし役員」と認定されないために！

「みなし役員」という言葉を聞いたことがありますか？　会社の役員ではないのに、役員とみなされてそれなりの取り扱いを受けてしまうことです。

これは会社法による役員と、税務上の役員の定義が異なるところに起因しています。たとえば、本当は役員ではないのに、「みなし役員」と税務署から認定されると、その人に支払った賞与は損金不算入となり、税金を支払う破目になります。期中に給与の増減があった場合も同様の取り扱いを受けることになります。

単一事業年度なら被害はまだ少ないのですが、3年とか5年という長い期間になると損金不算入額も多額となり、同時に納付税額も多くなります。同族会社の社長の配偶者や子供は、この「みなし役員」と認定されてしまうケースが多いので要注意です。

それではどのような場合に同族会社のみなし役員とされてしまうのでしょうか。

「みなし役員」とみなされるのは、**次の四つの要件をすべて満たしている人に限られます**。一つでも外れていればみなし役員とはなりません。

①株式の保有割合が50％超の場合
　第一順位から第三順位の株主グループの保有割合が50％を超え、その使用人がいずれかのグループに含まれている。
②その使用人の属するグループの保有割合が10％超であること。
③その使用人と配属者の保有割合が5％超であること。
④実質的に法人の経営に従事していること。資金繰り計画や従業員の給与など、または営業

に関する事項など重要な案件に関与していること。

「みなし役員」と認定されないためには、この四つのどれか一つでも外れていればよいわけです。簡単に言えば、会社の株式を全然もっていなければ、「みなし役員」にはなりません。ご夫婦での保有割合が、5％未満でも同じ扱いになります。

また、法人の経営に従事していなければ、これも大丈夫です。そのためには、会社が行う経営会議などには出席しないことです。同時に経営会議の議事録を作成しておき、出席していないことを立証するのです。そのような配慮をすれば、「みなし役員」と認定されることはありません。

しかしこの「みなし役員」という考え方は、さまざまな問題点を含んでいるように思えてなりません。実際には役員ではないので、役員としての権限も有していません。しかし法人税法の取扱いは「みなし役員」として課税を強化されているわけです。

税務当局もこの点は認めているのでしょうか、最近の税務調査で、みなし役員と認定され損金算入賞与を否認された事例を、私は体験していません。この問題には、どうしても主観が入ってしまいます。それ故に実に難しい問題となるのです。実質的に法人の経営に従事しているとは、何をもって判断するのでしょうか。経営会議には毎回出席していても、自ら発言したことのない人をみなし役員と認定できるのか、判断の分かれるところです。

09 別会社をつくって節税しよう

この方法は分社化とも言われるもので、1社のみを大きくするだけでなく、別会社を設立して法人税法上の特典を利用しようとするものです。実務上で多少の面倒はありますが、理論的には一考の余地ありです。

次に四つの節税策を紹介しましょう。

①法人税の軽減税率を利用する

現在の法人税率は2段階になっていて、年間の課税所得金額が800万円以下の部分については18%、800万円を超えるとその部分については30%となっています。たとえば年間所得金額2000万円の会社が分社化した場合、2社で1600万円相当分については18%の軽減税率が適用となるので法人税額は少なくなります。地方税にも、これと同じような軽減税率が適用されるので検討の余地は充分にあります。

②交際費の損金算入限度額を増やす

現在の交際費に関する税制は、原則として損金不算入ですが、中小法人などでは一部損金算入が認められています。その方法とは年間600万円までの交際費については、その90%が損金算入できるというものです。別会社をつくることにより、この交際費の枠を増やすことができます。使用交際費の多い会社の場合、この方法にはメリットがあります。

たとえば年間使用交際費が3000万円の会社が、5社に分社化した場合、2700万の交際費が損金算入することができます（1社が600万円使用した場合の理論値です）。1社の場合では540万円しか損金算入することができません。

③従業員の退職金を利用する

分社化する場合、従業員も何人か移籍する場合が出てきます。この場合の退職金を損金算入して節税することができます。

現在の会社が想定外の利益を輩出し、何としてでも節税を必要とする場合、この従業員を移籍して退職金を利用する方法が採られることがあります。

④社長が退職して新会社の社長に就任

この狙いは従業員の退職とほぼ同様ですが、退職金の金額がケタ違いに多くなります。

社長退職金の計算は、最終月の給料に勤続年数を乗じ、それに**功績倍率**（2.5〜3）を乗じて求めます。退職時の給料と勤続年数にもよりますが、相当な金額になります。予想以上の好成績、社長の年齢、後継者の存在、潤沢な資金などを考慮して決めますが、税務署は仮装退職ではないかと目を光らせます。この点もよく注意してこのテーマは考えなければなりません。節税効果の大きい、現実的なテーマです。

分社化というテーマは、節税面からのみ取り上げられがちですが、小集団化による組織の活性化という面からも充分考慮されるべきものであります。そしてグループ全体としての業績向上に役立ちます。

さらに企業イメージを醸成するための分社化も考えられます。また従業員の育成面からも、実に面白いテーマです。社長を超えるであろうと思われる人材がいるなら、その彼に1つの会社を任せてみる。数年経ったら、親会社を追いこす存在になっていた。そして社長引退後、親会社の社長に就任……このような事例は数多くあります。専務取締役を何年勤めても、社長の仕事は到底理解できません。

10 死亡退職金や弔慰金には税金がかからない

存命中の退職金は、退職所得として課税されますが、給与所得に比べ優遇されています（本章02を参照）。しかし**死亡退職金は、相続財産として相続税が課税されますので、退職所得として所得税や住民税が課税されません。**

いずれの場合でも、役員退職金は高額になりがちですので、まず会社側が退職金を支払えるだけの資金余裕がないとダメです。

死亡退職金は、他の財産と合算して相続税が課されますが、法定相続人1人当たり500万円の控除があり、その額を控除した金額が相続税の対象となります。故に5000万円の死亡退職金があり、法定相続人が3人なら1500万円が退職金から控除されますので、3500万円が課税財産となります。

また相続税には基礎控除というものがあります。その金額は、5000万円に法定相続人1人当たり1000万円を加算した合計金額ですから、仮に標準家族の法定相続人が3人とすれば、8000万円が基礎控除額となります。仮に退職金以外の相続財産が4500万円とすると、退職金と併せても基礎控除の8000万円ですので、相続税はかかりません。

このケースの場合では、会社側としては5000万円の退職金という損金が増えても、それを受け取る個人側では一切の税金を支払う必要がありません。

次に弔慰金についてです。

その本来の意味は、亡くなった人の死を悼み会社が支払うお見舞金ですから、税金を支払わなくてもよいはずですが、**ある一定額を超えた弔慰金については、相続財産に含め相続税を課す**ことになっています。おおむねその限度額は、次のように定められています。

①業務上死亡の場合→死亡時の給与の3年分
②業務上以外の死亡の場合→死亡時の給与の6か月分

実際の現場を眺めてみると、退職金については「退職金規程」がありますからキチンと支給していますが、弔慰金についてはは支給していないか、支給しても涙金程度で済ませている会社が多いようです。会社が好成績を残しているのであれば、この弔慰金についても限度額まで支給することをお勧めします。

仮に月給200万円の社長さんが業務上死亡した場合、弔慰金だけでも7200万円（200万円×36）まで相続財産に含まれませんので、税金を支払う必要がありません。この弔慰金の規定を知っている会社と知らない会社では、その節税効果に大きな差が生じてしまいます。

さらにもう一つ、社長給料の金額の問題があります。会社の業績が良くない場合には、低給料でも我慢しなければなりませんが、好業績を上げている場合には社長給料も程々高く設定した方が、あらゆる面で好都合です。源泉所得税が高いからと低目に設定している社長さんもいらっしゃいますが、どこか本末転倒の感があります。退職金や弔慰金だけを見ても、ご理解いただけると思います。

11 減価償却資産は節税の宝庫

前期までは大幅な赤字で苦しみ、必要な備品などの購入を我慢して耐えてきました。しかし今年は様相が一変、大幅な利益が見込めそうです。そこで私は、相談を受けました。

「今年は業績が良いので、今まで我慢してきた会社の備品などを買いたいと思いますが、よろしいでしょうか」

良いも悪いもありません。この問題は会社が決めることですが、私はこう答えました。

「良いと思います。贅沢をしない程度に必要な備品などを揃えましょう。ただし、できることならば、購入した備品などが全額損金になるようにしましょう」

固定資産を購入した場合、一度資産科目に計上し、耐用年数の期間で損金算入する手続きをとります。ご承知のように、これを減価償却と言います。しかし少額資産の場合には、ここで言う資産計上をせず、いきなり全額を損金算入することができます。この点について次に述べます。

①取得価額が10万円未満の場合

1個または1組の金額が10万円未満の備品などを購入した場合、その全額を当期の損金に算入することができます。1組で50万円の商品を5つに区分けして1個10万円としても、これは通用しません。

実際の会計処理では、「備品費」とか「消耗品費」の科目で処理します。極力10万円未満で購入することがポイントです。

②取得価額が10万円以上20万円未満の場合

この価額に該当する商品は、一括償却資産という扱いで、いったん固定資産に計上し、3年間で3分の1ずつ損金に計上することができます。一括損金算入より不利になりますが、通常償却よりはるかに有利です。

③取得価額が30万円未満の場合

青色申告をしており、なおかつ資本金が1億円以下の中小企業者に限り、30万円未満の減価償却資産を購入した場合は、取得時の損金に算入することができます。ただし、年間300万円が限度となります。

この規定は、租税措置法の規定で暫定的（平成26年3月31日まで）なものであり、申告書には別表の添付が必要になります。この規定は、中小企業者にとり有利な定めです。故に**年間300万円の枠を意識**しながら、万一オーバーしそうなら来年に回すようにすれば、結構な節税対策になります。

先に10万円以上20万円未満の償却資産は、一括償却資産として3年間で償却すると述べましたが、これは30万円未満の一括損金算入方式とも選択適用できますので、慎重に判断してください。もし300万円の枠が満杯であれば一括償却資産として3年間償却、300万円の枠がまだ残っていれば、一括損金算入がよいでしょう。

たかが償却資産の事例ですが、その処理の仕方により税負担は大きく変わります。本体に直接関係しない附属品などを購入する際、別々に購入すると損金算入できる部分が多くなります。しかしその附属品がないと本体が機能しない場合には、それは附属品とみなされず、本体とみなされますので、要注意です。

12 接待交際費の節税術

「接待交際費」という経費は、ぜひ注目してほしい経費の一つです。その理由は、資本金1億円超の会社の場合、支出した交際費は1円たりとも損金に算入することはできません。資本金1億円以下の会社でも、年間600万円まではその10％相当額は損金不算入となり、600万円超の部分はその全額が損金として認められません。結論として、接待交際費に対する課税は非常に厳しいので、できる限り接待交際費に含めないようにすることが立派な節税対策になるのです。

まず「**福利厚生費**」を見てみましょう。従業員のために使用する経費は福利厚生費となり、全額損金となります。ただ注意すべき点は、飲食費の中に得意先などの社員が含まれている場合には、接待交際費とみなされますので、注意が必要です。

特に忘年会とか新年会の飲食会に、親しい取引先の社員を招待するような場合です。また特にお世話になった取引先の社員にお礼の品物を贈るような場合、交際費にならないよう従業員の名前を使うことがありますが、税務調査の際、発覚するケースが多々あります。

これとは反対のケースで、社員やその親族に対する慶弔費用を交際費で処理している場面に出くわすことがあります。社員の親族などの場合、福利厚生費でなく接待交際費とも考えられがちですが、これは福利厚生費として認められますので、正しい処理をお願いしたいところです。

また、金額の多い少ないという混乱を避けるため、慶弔規定は作成しておいた方がよいでしょう。

「**広告宣伝費**」という科目も、接待交際費とトラブルを起こしやすい経費です。キーワードは「一般消費者」で、これはあくまでも不特定多数を意味します。故に一般消費者を抽選によって旅行や観劇に招待したり、金品を与えたりするための費用は、不特定多数に対する宣伝性の意味をもつため交際費には含まれません。

逆に特定多数を対象とした前記のような催しに要する費用は、宣伝性は認められず、交際費となります。たとえば、製薬会社が医者向けに行うようなケースです。この場合医者は不特定多数とは認められません。自社の得意先を観劇招待する費用も、当然交際費となります。

次に「**売上割戻し**」です。この慣習も以前に比べ大分少なくなりましたが、売上高に応じて得意先に金銭を支払うという約束です。当然どこの会社でも、売上割戻し表は作成して相手方に渡してあります。受け取った得意先も収益に計上しますので問題ありませんが、支払った側の交際費に該当するのかしないのかが、唯一の問題です。

この売上割戻しは、報奨金の性格を有しています。故に規定通りの金額を金銭で支払った場合には、交際費とはみなされません。ただし次の点は注意してください。交際費とならないのは金銭で支払った場合だけであり、金銭に代えて物品を贈ったり、観劇や旅行に招待した場合には、交際費となります。

「**会議費**」はどうでしょうか。社員のみを対象にした会議費は問題ありませんが、得意先などを対象にした会議費は、税法の規定では交際費となります。ただし、一人当たり5000円以下の飲食代は、交際費に含めなくてよいこととされています。しかし5000円をオーバーした場合にはその全額が交際費となります。

最後に、**情報提供料**についてです。取引先の関係者に、情報を提供していただいたお礼に何らかの返礼をすることはよくあることです。この情報提供料は、基本的に交際費に該当しますが、規定が定められており、その規定通りに支給している場合には、交際費に含めなくてもよいことになっています。ところが現実はこの規定が定められておらず、税務調査の際、否認されるケースが多いので、くれぐれもご注意ください。

接待交際費になるのかならないのか、その判断は非常に微妙です。交際費に関する節税の要諦は、できる限り交際費に含めないようにすることです。自分では含まれないだろうと思っても、そこには税法の規定があるわけですから、税理士さんとよく相談してください。

13 出張手当は出していますか?

出張手当を出している会社は多いと思いますが、もし出していない会社があったら、是非ご検討ください。なぜなら、適正な出張手当には所得税がかからないからです。従業員さんが喜んでくれます。国内出張、海外出張とも適用されます。私も出張の多い時期があり、年間200日くらいは国内出張していました。全国の主要都市のほとんどはお邪魔しています。

実際に出張してみるとわかることですが、身体も疲れますが、財布の中も疲れます。コマゴマとした経費が結構かかります。これは御社の従業員さんも同じでしょう。ですから金額は少ないですが喜んでくれます。

出張手当を支出する場合には、**「出張手当規程」**を作成しておく必要があります。役職や距離などを勘案して、具体的な金額を定めておきます。1日の出張手当5000円をもらい、実際の経費が1000円であったとしても、その差額に税金はかかりません。通常は「出張・旅費規程」を作成し、宿泊費と出張費を定めているケースが多いのですが、出張のみの規程であっても何ら問題はありません。

この出張手当の支給は、従業員だけでなく役員にも適用されます。ただ唯一の問題点は、**支給**

額が常識的に考えて妥当な金額であるかどうかということです。どの辺りが妥当なのかという判断基準は示されていませんが、過去の事例から考えますと、従業員ベースで国内出張1日当たり3000円から5000円くらいであれば問題視されません。

【出張手当の例】

〈役職〉	〈出張手当〉
役員	6000円
部長	5000円
課長	4500円
社員	4000円

出張における交通費は、実費精算で行われます。しかし宿泊費については、実費精算でもよいし、規程を作成しておいて1泊当たりいくらと定めておいても結構です。法外な宿泊費でない限

り認められますので、経理処理としては簡単です。ただし実際に出張があったことを証明する資料も必要ですので、従業員に「**出張報告書**」を提出してもらうことと、現地の領収証などの一部を提出してもらうことも忘れてはなりません。

【宿泊費の例】

〈役職〉	〈宿泊費〉
役　員	15000円
部　長	12000円
課　長	10000円
社　員	9000円

出張手当と宿泊費を合わせた「**出張・旅費規程**」を作られることをお勧めします。会社側から見たら、これらの経費は損金となり、社員からみれば所得税が課税されない収入となるので、ま

さに一石二鳥です。

14 社長は自宅を作らず、社宅制度を活用しよう

東日本大震災で、新築したばかりの家を津波で流され、住宅ローンだけ残ってしまい、困窮している人々の姿をテレビで何回も観ました。お気の毒としか言いようがありません。こんなとき、残された住宅ローンの一部だけでも、国や県が免除してあげたら、被災者も助かるのになぁと思ったのは私だけではないはずです。しかし実際にそれをやるとなると、さまざまな難問が生じます。

東日本大震災の影響で、日本列島の周辺では大きな地殻変動が起き、大型地震が発生しやすくなっているようです。こんなとき住宅を新築しようと思ったら、「家を新築しても巨大地震で家が倒壊したら、住宅ローンだけ残ってしまう。どうしよう」という不安が頭をよぎりませんか。お金持ちの方は別として、普通の人々はこのような心配をしながら日々の生活を営んでいます。

そこで経営者が家を新築しようとしたとき、それに代わるべき方法として使える「**役員のための社宅制度**」を提案してみたいと思います。

この制度の概要は、会社が社宅として不動産物件を賃借し、その家賃の50％を受け取って役員に賃貸するというものです。もちろんこの方法では、不動産を購入するわけではありませんから所有欲を満たすことはできません。さらに会社が家賃の50％を負担してくれるわけですから、会社の業績もある程度求められることになります。

たとえば、社長が家賃40万円で家を賃借しようとしたとき、会社がまず借りて、それを家賃20万円を受けとって役員に社宅として貸すという仕組みです。

巨額な住宅ローンを設定し、地震の不安に怯えるよりも、はるかに経済的です。万一建物が倒壊しても、賃借物件ですから実損はありません。私は今の時代、この制度のメリットには大きなものがあると感じています。不動産を購入したと思い、別の形で資産をプールしておけば足りることです。

この制度を利用する場合の留意点を挙げておきます。

①役員から徴収する家賃は、会社が支払う賃借料の50%。
②あくまでも会社と貸主さんとの賃貸借契約。
③「社宅家賃規定」を作成しておくとトラブル防止になる。
④入居者が家主さんと直接契約し、その家賃を住宅手当として支払っている場合には、給与となり所得税が課される。
⑤家賃の個人負担分は、給与から天引きする。

「天災は忘れた頃にやってくる」という言葉があるように、来るだろうなと思っているときにはなかなか来ない、そしてあるとき突然やってくるものです。富士山が噴火するとか、東京直下型地震があるとか大騒ぎしていますが、このように大騒ぎしているときには何もないかも知れません。しかし「**治に居て乱を忘れず**」ではありませんが、備えておくに越したことはありません。

15 決算時の在庫評価は「低価法」を使いましょう

会社を設立する際、税務署などに「設立届」という書類を提出します。この書類の中に、在庫の評価方法に関する書類があります。一般的には、取得価額と時価を比較し、低い方の価額を決算に計上する「**低価法**」という方法が採られます。この届を提出している会社がほとんどだと思いますが、この制度を適用していない会社もたくさんありますので要注意です。この届を提出していない会社は、早速提出しましょう。

これは決算期末に計上する棚卸商品の評価額を、取得価額もしくは時価のうち、低い方の価額で計上してもＯＫですよ、という制度です。次のような事例がありました。

ある会社の決算を組んだところ、期末在庫の合計額が約３０００万円ほどありました。もちろんこの評価は購入価額です。ところがこのうちの50％に相当する１５００万円の在庫は非常に古いもので、購入価額は1500万円でしたが、売却時価で計算するとたった500万円の価値しかありませんでした。そこで経理係は、期末在庫の評価額を2000万円（1500万円＋500万円）と計上したのです。もし低価法の届出がしてあればこれで正解です。

しかし届出がしてない場合には期末在庫の評価額は取得原価の3000万円となり、約1000万円の架空利益が計上されます。法人の税金の適用税率を40％とすると、この件だけで400万円（1000万円×40％）の税金を余計に支払うことになります。要注意です。

経理の実務面からこの問題を考察してみると、在庫の評価額を算出する際、時価評価するという考え方が非常に少ないような気がします。数量は実地棚卸でしっかりチェックしますが、単価を記入する際、事務的、機械的に購入価額を書き込んでしまう習慣が強いということです。

これでは余分な税金を支払ってしまうことになるので、経理係はよく注意する必要があります。仮に時価が購入価額より上昇している場合には、低い方の購入価額で評価します。もし時価が低い場合には、低い方の時価で評価します。特に留意すべき点は、古い在庫の処分価額は大幅に下がっている場合もあるので、慎重に時価のチェックを行うことです。

この低価法を適用する際、一つだけ厳重に注意すべき点があります。それは期末の評価額より高い金額で翌期以降に売却した場合には、その商品の期末評価額は否認されるということです。

これは税務調査の際における処分ですが、評価額が正しくなかったという理由で当然でしょう。ですから、予想売却時価よりも少し高目がよいかと思います。これも実務面からのご提案ですが、あまりにも古く陳腐化した商品は、安くても早めに処分した方が得策です。

「**時価評価**」という概念を取り入れることと、「低価法」の届出をしてない会社は、早急に届出を出すようにしましょう。税金負担に与える影響は大きいです。

16 社長以外の役員は、すべて使用人兼務役員にする

役員に対する賞与は、損金算入することができません。たった一つの例外が「**事前確定届出給与**」であることは、第3章の01「役員賞与は損金不算入だが、これだけはできる」で述べたとお

りです。

もし役員に対して支給した賞与が、損金算入することができたら、こんな都合のよいことはないでしょう。しかしその方法が一つあるのです。

その方法とは、取締役を「**使用人兼務役員**」にすることです。取締役という役員でありながら、営業部長や経理課長といった役職を肩書きにつけておくのです。この肩書きは、職制上の地位を明確に表すことが必要で、取締役営業担当とか経理担当とかの曖昧なものでは、使用人兼務役員とは認められません。もし使用人兼務役員と認定されれば、**従業員賞与に相当する部分については損金算入が可能**です。

たとえば、役員でない部長クラスに支払った賞与が50万円としたとき、取締役営業部長のAさんに70万円の賞与を支払ったとします。この場合要件を満たせばの話ですが、50万円は損金算入することができ、20万円は役員賞与相当分と判断され、損金不算入となります。

功績のあった従業員を、役員に登用する場合が多々あります。このときは従業員としての役職につけたまま、平取締役として起用してください。くれぐれも平取締役ですから間違わないように。社長はもちろん、副社長や専務取締役、常務取締役の称号がつけば、使用人兼務役員になることはできません。あくまでも、従業員としての取り扱いを受けるよう仕掛けておくことが必要で、議事録などの書類を揃えておくことが大切です。

使用人兼務役員の使用人分としての賞与が損金算入できる要件は次のとおりですから、外さないようにしてください。

①損金経理してあること
②他の従業員と同時期に支給していること
③金額が他の従業員と比較して適正であること

以上の三つですが、実務上での取り扱いをよく調べてみると、これらは比較的守られています。

しかし税務調査の際、よく問題となるのは、名刺を見せたとき、従業員としての役職が名刺に書かれていないケースです。
役員になったのだから、取締役のみの方が格好いいだろうと判断されるのでしょうが、これでは税務上不利になります。経理部長と取締役を名刺に併記しておけば何ら問題はありません。もちろん役員就任の議事録にもそのように記載しておきます。

通常、税務調査は3年間とか5年間行われます。5年分の賞与が損金不算入の扱いを受けると、修正申告で納付する税金が結構な金額になります。私の個人的見解では、社長以外の役員はすべて平取締役で、そのすべてが使用人兼務役員でよいような気がします。規模の大きな会社になれば話は別ですが、中小企業では専務も常務も不要です。

17 実地棚卸は絶対に行うべし。減耗損と評価損の計上

社長が経理担当者に質問しました。

「先月末が決算月だったが、在庫品はどれくらいあるのかな」

「はい、数量が1万個で単価が2000円ですから、ちょうど2000万円になります」

「そうか、そんなにあるのか」

経理担当者は在庫品の受払帳をつけていますから、すぐ在庫数は把握できます。単価も最終仕入原価法を用いれば、期末在庫はすぐわかることになります。しかし本当にこれでよいのでしょうか。


経理担当者は、社長の指示に基づき、在庫品の数量検査を実際にやってみました。そうしたところ、実際にあった在庫品の数は、8500個でした。1500個の差異です。これを金額に換算すると1500×2000で300万円にもなります。何と帳簿棚卸では2000万円であった在庫品が、実地棚卸によれば1700万円に下がってしまったのです。この場合、決算書にはどちらの個数で掲載すればよいのでしょうか。

その答えは、実地棚卸で計上してよいことになっています。300万円については、棚卸減耗損として処理することができます。このようなことがありますので、**決算期末には必ず実地棚卸しを行ってください。帳簿棚卸の数値をそのまま使うのは厳禁です。**実地棚卸数が、帳簿棚卸数

▶3,000個×1,000円＝300万円
▶5,500個×(8,500－3,000)×2,000円＝1,100万円
▶300万円＋1,100万円＝1,400万円

を上回ることはまずありません。

今までは数量の問題でしたが、もう一つ価格の問題があります。8500個の在庫品のうち、3000個の商品については台風被害の影響で価格が下がってしまいました。売却時価を算出したところせいぜい1000円だそうです。そうすると、3000個×1000円で300万円の価格減になります。これも評価損として在庫品の減額を行うことができます。台風被害でなくても、破損品や新製品発表による既存品の陳腐化も評価損として計上できます。

これを金額で換算してみると、上の数字のようになります。

帳簿棚卸で評価した場合、2000万円だった在庫が、実地棚卸で評価したところ1400万円に減額されました。なんと600円の利益を現金支出することなく減額されたことになります。

「**真の節税とは、現預金の支出を伴わないもの**」というのが私の信念ですが、この在庫品の評価は、まさしくそのとおりです。日常の在庫管理はコンピュー

タを使いながらの帳簿棚卸で結構ですが、決算時だけは必ず実地棚卸を行い、減耗損や評価損を計上するようにしてください。

棚卸調査の現場を眺めると、商品点数の多さや人手不足の観点から、帳簿棚卸で済ませている会社が多いように見受けられます。このことは、払わなくてもよい余計な税金を支払っていることになりますので、経理担当者には注意してほしい点です。実地棚卸をする際気をつけてほしいのは、預け在庫のある場合です。自社の倉庫には現物がありませんので、つい忘れがちになります。その反対の預り在庫も要注意です。

18 使用していない減価償却資産はありませんか。損失計上できます

生産効率を飛躍的に向上させるぞ、と意気込んで購入した新しい機器設備が、生産様式の変更で使えなくなってしまいました。減価償却費の計上は、事業に供していることが前提なので、当該資産は減価償却を行うことができません。返品することもできません。さてどうしたらよいの

でしょう。また、減価償却が完全に終わっていない資産で現在使用していないものもありました。

このような場合、税法の取扱いでは、**除却損として損金に計上することができる**ので、是非活用してください。これは有姿除却と言われる方法で、今ある機械・設備などの固定資産をそのまま廃棄することです。多少の面倒はありますが大きな節税効果があります。

この**有姿除却**が認められるためには、当該設備などが現在も使用されていないこと、今後も使用される見込みがないことを証明する必要があります。万一除却損で処理した機械設備などが、後日使用された場合には、除却損は当然否認されます。この制度は償却資産全体に使えますので、機械設備に限らず車輌や什器備品なども対象になります。

この有姿除却で面倒なことは、現在使われていないこと、そして将来も使う見込がないことなどを証明しなければならない点です。実務面ではこの点が最も難しいところです。一つの方法として、会社の片隅にしっかり梱包して置いておくことも考えられます。

長く置いてあれば、埃をかぶったりしてそれらしく見えるものです。または社長の指示書を作成し、担当者に当該指示書を保管させておくのも一法です。要は税務署員が、この機械は実際に使用されていないし、将来も使いそうもないな、と思えばよいのです。これを証明することが若干面倒ですが、節税のためですから少々努力を払ってください。小額のものであれば、税務署員もそれほど気にとめません。

万一高額商品を除却損として損金計上する場合を考えてみましょう。仮に100万円の商品を除却した場合、税務署は間違いなく注目します。現在も使用していないし、将来も使用する見込なしという会社の主張に対し、そう簡単に税務署は認めてくれません。

このような場合の良策として、私は売却することをお勧めします。購入した会社でも良いですし、同業他社でも結構です。金額はどんなに安くても構いません。関連会社間の売買ですと、寄附金認定の問題がありますから、第三者の会社に売却する方がよいでしょう。金額は、たとえ1円でもOKです。売却損が計上できますので、疑念の入り込む余地がありません。

また別の方法としては、廃品回収業者に引き取ってもらうという手もあります。この場合には必ず業者から、**廃品回収証明書**を発行してもらってください。この証明書には、年月日、商品名、金額などが記載されていることが必要です。事例をわかりやすくするために100万円の商品を取り上げましたが、小さい金額の商品で使用されていないものは、ほとんどの会社にあります。決算時に一度チェックし、使っていないもの、または現実に存在しない商品は除却するようにしましょう。

第3章

税制の賢い活用法

01 役員賞与は損金不算入だが、これだけはできる

役員に支給する賞与は、原則的に損金不算入であることは、ご承知のとおりです。

しかしながら、業績も予想外に良い場合、役員に対しても何らかの賞与を支給したいと思うのは人情でしょう。この役員に支給する賞与が損金にならないのが難点なんだけど……と嘆く方もいらっしゃると思います。

しかし、ちょっとお待ちください。実は役員に対して支給する賞与が損金処理できるケースがあるのです。

すでに多くの企業が活用していると思いますが、株主総会で、「業績の良い場合には役員に対し○○の賞与を支給する」旨を定めておくのです。そして当該年度の決算を組んでみて、業績が良かった場合には、株主総会で決められた賞与を各役員に支給するのです。この方法により支給された役員への賞与は、損金に算入されますので、会社にとっても個人にとっても大きなメリッ

トとなります。
もし仮に、役員賞与を５００万円支給した場合、損金になるのとならないのとでは、税金負担に２００万円の差が出ます（実効税率40％として）ので、要注意です。

それではその進め方を具体的に述べてみます。

①株主総会で決議すること
②個人別に支給金額、支給日を決めること
③「事前確定届出給与に関する届出書」を税務署に提出しておくこと
④届出書に記載されている金額を、支給予定日に支給すること

最も注意すべき点は、株主総会で決められた金額を支給しなければならない、という点です。業績が予想をはるかに上回ったので、色をつけて少し多く出すとか、大幅に予想を下回ったので

予定の半額にするというのは、一切認められません。株主総会の決議と異なった金額を支給した場合には、その金額は損金不算入の扱いとなりますから注意してください。

しかしこの方法は、納税者にとり誠に好都合ですので是非導入をお勧めします。

もしラッキーの連続で会社の業績が大幅に伸びた場合、会社としての節税対策にもなりますし、役員たちのモチベーション・アップにもつながります。また業績が悪かった場合には、賞与をまったく支給しなければよいのです。損金不算入の対象額がないのだから、問題になりません。

最も良くないのは、中途半端な金額で支給することです。**支給するのなら、株主総会で決定した額、支給しないのなら0円**です。満額か0円かということになりますので、この点だけはくれぐれも注意が必要です。

役員報酬は従業員給与と異なり、いろいろな制約があります。期の中途における昇給・降給は原則として行うことができません。正当な理由がある場合は別ですが、そうでない場合には昇給額は賞与とみなされ、損金に算入することができません。このような制約の多いなかで、「**事前**

届出賞与」制度は評価すべき点がありますので、一考の価値があると思います。万が一の節税対策にもなります。

02 万が一のため、「申告期限の延長届」を出しておくと便利

会社の決算書の税務署などへの提出期限は、原則的に事業年度終了後2か月以内と定められています。もちろんこれは原則論ですが、多くの中小企業はこれに従っています。もしこの提出期限に遅れると、**無申告加算金**という罰金が本税の15%から20%賦課されますので、会社にとっては損失です。

私の長い税理士生活のなかで、この不名誉な「期限後申告」は一度もありませんが、どの会社でも起こり得る可能性があるので、注意するに越したことはありません。たとえば、経理事務を一人で仕切っていた責任者が突然病気で倒れてしまったとか、経理の心臓部を握っていた社長が

交通事故で入院したとか、その他諸々の事態が起こり得ます。

会社でどのような事情があろうとも、税務署はそのことを考慮してくれません。冷酷に加算金を課してくるだけです。そこで私たちは、この点に関しても自衛手段を講じておく必要があるのです。

初めのところで「原則的に」と書きましたが、原則がある以上例外もあります。その例外規定を使うのです。その例外とは、「**申告期限の延長**」です。

税務署に対し、申告期限の延長届の書類を提出しておくだけでよいのです。1か月間だけ延長できるので、何か不測の事態が発生しても充分対応できます。無申告加算金を支払わなくても済みます。

正式名称は、「申告期限の延長の特例の申請書」です。

株式の配当金を貰ったことのある方は、配当金お支払いの通知がいつ頃来るか思い出してください。3月決算の会社が、配当金支払通知を発送するのは、6月の下旬です。なぜなら株主総会を招集するのが、多くの場合その時期が多いので、株主総会が終了しないと株主配当金が決まらないからです。そしてその後で申告しますので、結果的には決算月から3か月後に申告書を提出することになります。資本金1億円超の会社は、管轄が税務署でなく国税局になりますし、彼らも延長申請を出しています。

この申告書の期限延長届を提出する場合の留意点を、一つだけ次に述べますので気に留めておいてください。私が提案する申告期限の延長申請は、万が一に備えてのものです。余計な無申告加算税を支払わないためのものです。ですから、この申請をすると1か月間の猶予期間が生まれますが、実際の申告書はいつもどおりの2か月後に行うということです。延長したからといって、いつも3か月後に申告書を提出するのであれば、万が一に備える意味がなくなってしまいます。この点が実務を進めるうえでの重要ポイントになりますので充分ご留意ください。

申告期限の延長申請をしてあれば、最悪の場合は3か月後でもよいですが、通常の場合はいつも2か月後に申告するというように考えて実行してください。

最後にもう一つ。これはあまりお勧めできることではありませんが、何らかの事情があり期限内申告ができそうにない場合、別表一-(一)だけの不完全な申告書を提出しておき、その後に修正申告書を提出するという方法です。修正申告書ですから、前の申告書より利益が増えることになりますので、この点をお忘れなきように。

03 欠損金がでたら、納めた税金を返してもらおう（繰戻し還付制度）

会社が赤字決算になったとき、翌期以降9年間にわたり繰越控除できることは、ご承知のとおりです。しかし、直前事業年度において法人税を納めている場合には、その納付した法人税を還付請求することもできます。どちらの方法でも選択できます。この還付する方式を「**欠損金の繰戻し還付制度**」といいますが、平成21年度の税制改正により復活しました。この制度の復活は、納税者にとり朗報と言えますので、よく検討してみてください。

復活と言うからには、以前にはあったということです。以前は直前事業年度のみではなく、さ

$$\text{還付請求金額} = \text{還付所得事業年度の法人税額} \times \frac{\text{欠損事業年度の欠損金}}{\text{還付事業年度の所得金額}}$$

らに遡って還付請求することができました。しかしバブル経済崩壊後、税収入も減少し、赤字企業も増えてきたため、この制度は廃止されていました。新しい還付制度は、次のようになっています。

①この制度を利用できるのは、資本金もしくは出資金の額が1億円以下の青色申告法人に限る（資本金5億円以上の大法人との支配関係にある法人は除く）。
②直前期に納付した法人税があり、この法人税が還付請求の限度額となる（故に直前期が赤字決算の場合は、本制度は使えない）。
③上の算式により求めた金額を、還付請求できる。
④この還付請求は、欠損事業年度の確定申告書の提出と同時に行うこと。
⑤還付請求手続きをした場合、一般的には税務調査を行ったうえで、還付の適否が判断される。

概要は以上のとおりですが、最も気になる点は税務調査ではないでしょうか。何も問題点がなくても税務調査はいやなものですが、それでもなお、この還付制度には利用すべき点があります。その一つは短期的な資金繰りです。

たとえば前期の決算で500万円の法人税を納付したものの、当期は大幅な赤字決算という場合です。末期からは好業績が見込まれるようなとき、この制度を利用するとメリットがあります。

さらに私が注目している点は、前期までは好業績で法人税を納めていたが、当期から継続的な欠損で、欠損金の繰越控除を適用する余地がないというケースです。このようなケースは稀《まれ》だとは思いますが、決してないとは言えません。私の周囲にも、継続的な欠損の末、倒産した企業は数多くあります。


欠損金の繰越控除を選択するか、それとも欠損金の還付制度を選択するかは判断の分かれるところですが、将来の利益が確実に見込めるのであれば、繰越控除を選択するのも一つの方法でしょう。税務調査を受けるとなると、準備なども含めて多少の時間はどうしても取られます。また会社側としては完璧な経理処理をしていても、税務署との見解の相違により若干の修正申告案件が生じる場合もあります。

これらの問題と、前述した資金繰り上からの必要性、または継続的な欠損金の発生予想などを熟考のうえ、判断されるとよろしいかと思います。

04 住宅取得資金などの贈与の非課税枠が1500万円になりました

贈与税の税金が高いことは、皆さんすでにご承知のとおりです。ところが、子供が親から住宅取得資金として貰った金額には、**非課税枠**があることはご存知ない方が多いようです。これはと思われる方は、活用されてはいかがでしょう。

まずこの制度は、平成23年12月31日までの時限立法でした。それが平成24年度の税制改正で平成26年12月31日まで3年間延長されたものです。それまでの非課税枠は1000万円でしたが、今回の改正で、省エネなどの住宅を新築または中古で取得した場合には、**非課税枠が1500万円まで拡大されました**。また現に居住している既存住宅に増改築を行った場合でも、この非課税枠1500万円は適用されます。省エネ以外の住宅の取得及び増改築では、従来どおりの100

	平成24年	平成25年	平成26年
省エネ住宅	1,500万円	1,200万円	1,000万円
上記以外の住宅	1,000万円	700万円	500万円

0万円が限度となります。

増改築の場合、平成23年以前に旧制度を利用して住宅を取得し、当該住宅に省エネなどのリフォームを行っても、新制度の適用はありませんので注意してください。

また省エネ住宅の要件には、「省エネルギー対策等級4相当、または耐震等級2以上若しくは免震建築物であること」と記してありますが、素人の私たちでは判断しかねますので、建築業者や税務署に事前によく相談してから着手するようにしてください。工事が終了してから、「省エネ住宅には該当しません」などと税務署から言われたら悲劇ですから、事前のチェックを慎重に行ってください。

本制度を適用できるのは、**直系尊属からの贈与**に限りますので、この点も要注意です。直系尊属といいますと、ご両親や祖父母のことですから、住宅取得のためにご両親や祖父母から贈与を受けた場合に、本制度を適用することができるというものです。

故に兄弟から贈与を受けたとか、赤の他人から贈与を受けた場合には、本制度を適用することはできません。さらにもう一つ注意すべきことは、平成24年度の改正で、対象住宅の要件に**床面積２４０㎡まで**という上限が設けられたことです。２４０㎡というと結構大きめな住宅です。坪数に換算すると約70坪ですから、そう簡単に建てられるものではありません。しかし注意するに越したことはありません。

また、この制度は3年間、同じ金額が非課税になるというものではありません。年月の経過に伴い、その非課税枠は減額されていきます。詳しくは表のとおりですが、もし子供のために住宅取得資金の援助をしてやろうと考えるのであれば、早い方が有利だといえます。贈与税には基礎控除が１１０万円ありますので、住宅控除と併せると１６１０万円（省エネ住宅の場合）までは非課税となります。

05 欠損金の繰越控除が7年から9年に延びた。がしかし……

平成23年度の税制改正で、青色申告法人の繰越欠損金の繰越控除が、7年から9年に延長されました。適用要件としては、欠損金発生事業年度について青色申告書を提出し、その後連続して確定申告書を提出することです。ただし、平成20年3月31日以前終了事業年度において発生した欠損金については、従来どおりの7年が適用されます。

さてここで、話題性の低い繰越欠損金を取り上げたのは、それなりの理由があるからです。欠損金が、9年間繰り越すことができるということは、納税者にとり朗報です。次期以降の決算で利益が出ても、欠損金がある限り利益は相殺されるので、課税対象にはなりません。要するに税金を支払わなくてよいということです。

一般的に考えた場合、9年間は長い年月と思われるようですが、税務申告における9年間はそれほど長い期間ではありません。

たとえばある時期に巨額の欠損金を発生させ、「当分の間は、この欠損金のお陰で税金は支払わなくて済むわい」と考えていたところ、あっという間に9年が経過し、10年目にラッキーが重なり巨額の利益を計上することができたとします。この場合、欠損金の控除ができずに、巨額の利益に対する税金を支払うことになります。なんと繰越欠損金の税法上の恩典を受けることができないのです。

このようなデメリットを避けるため、考えておきたい問題点がいくつかあります。その一つは**減価償却費の問題**です。赤字決算のとき、目一杯減価償却をすれば、その分だけ欠損金がふくらみます。欠損の上にさらに欠損が重なることになり、これも9年間という期間の適用を受けることになります。

こうした場合には、減価償却を行わない方がよいのです。税務調査を受けても充分すぎるくらいの欠損金がある場合には、それ以上減価償却をせず、将来のどこかで利益が計上されたときに減価償却をするという考え方です。減価償却には実施期限が設けられていません。ただ、前期に減価償却しなかったから今期2期分ということはできません。

もう一つの例を考えてみましょう。

繰越欠損金が5000万円あります。そのとき、大手の得意先が不渡手形を出してしまいました。通常であれば50％損金を計上したり、債権放棄をして100％貸倒損失として損金処理したいところですが、この処理を遅らせることが得策だということです。なぜなら、損金処理した時点で9年間の適用を受けてしまうからです。

もうすでに巨額な繰越欠損金があるのですから、それをさらに増やす必要はありません。もっともっと先に繰り越せるものは繰り越し、9年間という枠の外に置き、会社の損益状況を勘案して損金処理をするという方法です。もちろん時間的な限界のあるものは留意することは当然です。

06 2年間だけ消費税が免除されるので、会社設立資本金は1000万円未満で

私は渋谷で会計事務所を経営しています。ですから毎月決算業務があり、社長さんたちと業績数値や申告内容について詳細な打合せを行います。その段階でいつも痛感するのは、赤字決算だ

から納付税額は住民税の7万円で済むけれども、消費税の納付額が多いのに困惑している社長さんたちの姿です。会社の業績が悪い場合には、税金は支払わなくて済むという神話を彼らはまだ一方的に信じているのです。

しかし消費税だけは別です。この税金は、お客様から預ったものですから、会社が赤字であっても通常の税金とは別に支払わなければなりません。この準備を怠っているため、申告時期になるとその納付が負担になってくるわけです。

第4章の09でも述べますが、お客様からお預りした消費税は、**銀行の別口座で保管する**のがベターです。支払い時に困りません。しかし業績不振が続くと、資金繰りのため消費税の資金まで手をつけてしまうのが現実です。この辺りの事情、痛いほどよくわかります。

そこで一つのご提案です。

あなたが、新しいビジネスを起こし会社を設立する場合には、その資本金は1000万円未満がよいですよ、ということです。

というのは、**資本金1000万円未満の会社は、設立から2期分の間、消費税の納付が免除される**からです。こんなにうまい話はありません。お客様からは消費税はいただきます。しかし2

年間だけはそれを納付しなくてもよいという制度です。制度的には矛盾を抱えていますが、国の**創業者支援**の一環ですから、これを利用しない手はありません。実際、資本金999万円という会社もあります。

創業2年間だけ消費税の納付を免除するというこの制度には、私は矛盾を感じます。お客様から消費税を預らないのであればまだしも、預って納付しないというのは、国から税金を貰っているのと同じことです。創業者支援という精神はよく理解できますが、公平性に欠けるような気がしてなりません。しかもこの制度を悪用することもできます。

年間10億円売上が見込める企業が、資本金5000万円で会社を設立しようとしたとき、払込資本金は1000万円未満にしておき、他は借入金処理にしておけば、2期分は消費税を納税しなくても済みます。

仮に自社で支払う消費税が3000万円として、年間2000万円（10億円の消費税5000万円－3000万円）の消費税は免除されます。これが2年間ですと4000万円になりますので、どうしても不公平さを感じないわけにはいきません。

この制度はいずれ改訂されるかもしれませんが、現在では立派に通用していますので、創業者はこれを利用すべきでしょう。

会社を設立する場合、現在では資本金1円から可能ですが、少なくとも上限は1000万円未満に抑えておけば、2年間だけ消費税に関しては得になります。

07 「寄附金」認定は非常に怖い。譲渡対価にご用心!

日本は他の先進国に比べると、困った人たちへの献金が非常に少ないそうです。その原因の一つに、税制上の問題があります。どういうことかと言いますと、寄附をした場合、税金から控除できる割合が、他の先進国に比べ低いということです。

寄附金には「**指定寄附金**」といわれるものがあります。国や地方団体、もしくは公共事業、ボランティアなどを行っている団体に対する寄附金のことで、その支出は損金算入することができます。これは結構な話です。ただ難点は、この範囲が非常に狭いということです。好成績を上げている会社が、あるボランティア団体に寄附をしたいと思っても、**指定寄附金として認められて**

いない場合には、会社の損金になりませんので寄附することができないということになります。
寄附行為が比較的少ない原因には、税制面以外にも国の成熟度や国民の裕福度、ボランティア精神の有無などがありますが、いずれにしても税制面での優遇が欲しいところです。私も30年前から、知人から勧められて「ユニセフ」へのごく少額の寄附の真似事を個人でしていますが、これは所得税から控除できるようになっています。

このようにこちらから積極的に行った寄附金は問題ありませんが、寄附金とみなされて損金算入を否認されるという怖い話もあるので注意が必要です。

某社は15年ほど前、８０００万円でマンションの一室を購入し、そこを拠点にビジネスを展開してきました。初めのうちは堅調でしたが、デフレの影響をモロに受け、業績も次第に悪化してきました。そこで会社所有のマンションの一室を社長に売却し、社長に家賃を支払って賃借する方法をとることにしたのです。ここまではよくある話で何の問題もありません。問題は社長への譲渡価額です。都心の一等地にあったマンションなので値下りも少なく、おおよその時価は知人の不動産鑑定によれば、６０００万円とのことでした。会社はそのマンションを２０００万円で社長に売却したのです。

ところが後日の税務調査でこの問題が発覚し、2000万円という価額は異常に低すぎるとして、時価6000万円と売却価額2000万円の差額4000万円が社長に対する寄附金と認定されてしまいました。


これは大問題です。差額の4000万円は会社の所得計算上利益に加算され、会社としての税金を支払うことになり、社長は4000万円の利益を得たものとみなされ、所得税などを支払わなければなりません。会社にしても社長にしても、大きな税負担です。マンションを時価相場で売却していれば何ら問題はなかったのですが、身内同士ということでこのような結果になってしまったのです。これは**低額譲渡**といわれる案件ですが、譲渡価額がおよそ時価の半額以下になった場合には、過去の判例を見ても、ほとんどのケースで会社側が敗れています。

こう考えてみたらいかがでしょうか。あなたは時価6000万のマンションを、赤の他人に2000万円で売却しますか?　不動産などの身内への売却額は専門家の査定金額を参考にしてください。

08 自宅の一部を会社に貸し、家賃を受け取る

休日や夜に、自宅で仕事をされる経営者の方は多いと思います。日中の気ぜわしい仕事から解放され、自宅のデスクに座ったとき、妙な落ちつきを感じることはありませんか。物事を冷静に考えることができ、ビジネスに関するアイデアや対処法が次々と浮かんできます。このように自宅を業務で使用することの多い社長さんには、会社から家賃としてその適正額を支払うことが可能ですので、検討されてはいかがでしょうか。

そのためには、自分の部屋が必要です。もし独立した自分の部屋がない場合には、部屋はなくても仕事ができる程度のデスクなどがあることは求められます。食卓のテーブルなどで会社の仕事を処理する場合には、賃借料の支払いは認められません。

賃借料としてどの程度の家賃を支払えるのか考えてみましょう。

まず自宅全体を借りた場合の家賃を、周囲の状況などを考慮して不動産屋で調べます。次に経

営者が仕事で使う自分の部屋の面積比を乗じて、その部屋の家賃を算出します。おおむねこれで大丈夫でしょう。もし独立した部屋がない場合には、だいたいの使用面積比を用いて算出すれば税務署は認めてくれます。

私が以前経験した案件ですが、社長の部屋の使用面積は6分の1だったのに、家賃を相場の2分の1で算定していた場合がありました。2分の1とは誰が見ても不相応です。見事に6分の1以外は否認され、給与所得として課税されました。

社長が自宅の一部を業務用に使用し、会社から賃借料を受領する場合には、社長に不動産所得が発生します。給与所得などと併せて確定申告をしなければなりません。その点も含めて慎重に考える必要があります。また実際に自宅の一部を会社に貸す場合には、会社と社長個人の間で**「不動産賃貸借契約書」**を作成しておくことが必要になります。

社長の自宅が賃借物件である場合には、社長と会社との賃貸借行為はちょっと面倒になります。なぜなら、個人との賃貸借契約では転貸借禁止条項が入っているケースが多いからです。この場合には、会社に転貸することができません。もしこの転貸借禁止条項が入っていない場合には、前述したように会社に貸し付けることができ、社長は会社から賃借料を受け取ることができます。

この考え方を延長してみると、社長個人の車を会社用に使用し、会社から社長に賃借料を支払うというケースも出てきます。機械や設備なども同じように考えられますが、共通した重要ポイントは、

①会社が業務遂行のために使用していること
②「賃貸借契約書」が締結してあること
③賃借料の設定が適正額であること
④会社がこれら賃借料を損金経理してあること

の4点に尽きます。

さらに特記事項としては、これらを維持管理する費用も、会社の経理として処理することがで

きることが挙げられます。

09

分掌変更による役員退職金には細心の注意を!

会社の業績の良いとき、社長が退職して息子さんに社長のポストを譲るというのは、賢明な策です。業績が悪いと、高額な退職金を支払うことができず、税務対策上不利になるからです。

仮に、最終報酬月額が200万円、勤続25年の社長が退職する場合、約1億2000万円から1億5000万円の退職金を支払うことが可能です（200万円×25年×2.5～3）。

しかし会社の業績が芳しくなく、資金繰りも逼迫している場合にはとてもそのような大金を支払うことができません。病気になって息子さんに社長を譲るとき、資金繰り状況から退職金なしというケースも中小企業の場合よくあります。

退職金といえば、完全に会社を退職してと考えがちですが、役職が変更することによって退職金を支払うこともできます。たとえば、息子さんを社長にし、自分は会長に退くというやり方です。さらに常勤役員が非常勤役員になったり、取締役が監査役になったりする場合です。

新しい役職につく場合、旧役職分の退職金を支払うという考え方ですが、実は退職金は税務調査の際、問題となることが多いのです。退職金を支出するための**虚偽退職**ではないかと疑われるためです。

決算書の中に多額な退職金がある場合、税務調査を受ける確率は高くなります。仮に1億円の退職金を退職の事実なしと判断され、全額損金算入を否認された場合には大変なことになります。しかし実際にはよくあります。最も注目されるのは、社長辞任、会長就任時の社長退職金です。いわゆる息子さんに社長を譲る場合です。息子さんでなく、幹部役員の場合でも同じことです。会長に就任しても、毎日過去と同じフルタイムで出勤し、会社の経営に口出ししていれば、間違いなく虚偽退職とみなされ、退職金の損金算入は否認されるでしょう。

そこで**虚偽退職とみなされないための留意ポイント**を記しますので、参考にしてください。

①出勤日を少なくする。会長としての出勤ですから週1日くらいで充分。タイムカードで打刻する。

②在社時間を短くする。社長時はフルタイム、会長時は1日2時間程度。
③会長用デスクは社内の片隅に置き、小さいものにしておく。
④経営会議などの議事録は必ず作成し、会長発言も詳細に記入しておく。発言を多くして経営決断の決定打にならないよう配慮する。あくまでも参考意見程度、できれば出席しない方がよい。
⑤給料も大幅に下げること。

税務当局は、あくまでも実態を見て判断します。形式上は会長職に退いても、社内の実権を完全に掌握していれば、実質社長と判断されます。税務署員は税務調査の際、それとなく社員に会長の関与度合を聞いたりすることもありますので要注意です。

社長を退陣し退職金を受領するときには、潔く完全に経営の現場から離れることが得策です。役員から聞かれたことに答える程度と心得ておきましょう。そうしないと後進役員の成長を阻害することにもなりかねません。

退職金の税制についてちょっとだけ触れておきます。退職金は退職所得となり、**分離課税**となっています。給与所得などのように他の所得と合算して累進税率を適用されません。さらに2

分の1課税となっていますので、他の所得に比べ大幅に優遇されています（ただし、平成24年度の改正で、在職5年以下の社長の場合、2分の1課税は廃止されました）。

このように退職金は税制上優遇されていますので、節税のためにも利用しない手はありません。そのためには会社の業績を上げ、**自己資本比率70％**となるような企業に育て上げておくことが肝要です。ただ、分掌変更による退職金支払いには、損金算入を否認されないための細心の注意が必要です。

10 退職用掛金を全額損金でおとす（中退共の活用）

不景気の強風が吹きすさぶ今日この頃、退職する従業員に退職金を満足に支払うことができる中小企業はあるでしょうか。もちろん中小企業でも、従業員が満足するような退職金を支払っている会社もあろうかと思いますが、現実には少ないと思います。

税法上の取り扱いでは、従業員退職金は支払った時点で損金になります。もし退職用に毎月資金を積み立てていくとすれば、その積立額は資産となり、税金の対象となってしまいます。「この積立額が損金になればいいのになあ」と考える方も多いと思いますが、実はこれができるのです。それが**中小企業退職金共済（中退共）**と言われるものです。

この中退共という制度は、中小企業しか加入することができません。加入や支給にいくつかの制約はありますが、これらをクリアすることができれば、悪い制度ではありません。

以下にその概要を述べます。

①加入できる中小企業は次のとおりです。

▼一般業種　→資本金3億円以下または従業員300人以下
▼卸売業　→資本金1億円以下または従業員100人以下
▼サービス業　→資本金5000万円以下または従業員100人以下
▼小売業　→資本金5000万円以下または従業員50人以下

②従業員全員を加入させる必要があります。

③毎月の掛金は、個人別に会社が決めることができます。
④毎月の掛金は、福利厚生費として損金処理できます。
⑤加入して1年経過しないと退職金が出ません。
⑥退職金は直接従業員に支払われ、会社には入金されません。
⑦毎月の掛金は、2000円から2万円までです。
⑧給付金は、従業員が退職した場合は**本人に直接支払われ、死亡したときは遺族に直接支払われます**。

実際に加入している会社の話をいくつか聞いたことがありますが、その第一の声は、加入していて良かったということです。その理由として、長期間勤務してくれた従業員への退職金は、それなりの金額になるからです。

「退職金はありませんよ」と採用時に説明し、本人も納得しているはずでしたが、実際に退職となると多少は出さなくては、というのが中小企業経営者の偽らざる気持ちです。資金繰りが厳しく、その資金を捻出できないこのようなときには非常に助かるはずです。勤続年数が長くなると掛金の総額もそれなりに増えていきます。入社時に、退職金制度はないから退職金はないものと思っていたのに、予想外に退職金をもらえて嬉しかったという従業員の声も多かったようです。
念のために申し上げますが、退職する従業員に「中退共から約〇〇円位の退職金があなたの口座に直接振り込まれます。これはあなたが在職期間中に会社が積み立てておいたものです」の一言は話しておいた方がいいと思います。予想外の感謝の言葉を聞くことができます。

しかしこの制度にも、会社側から見た場合、気になるデメリットがあります。それは、円満退社であれ解雇であれ、すべての退職従業員に同額の給付金が振り込まれるということです。たとえば、懲戒解雇だから退職金は支給しないとか、解雇だから半額にするとかの会社の恣意性が入りこむ余地がないということです。この点は経営者が乗り越えなければならないハードルです。

11 「相続時精算課税」を利用して、2500万円を贈与する

「**相続時精算課税**」という言葉をご存知でしょうか。この制度は贈与税の一種で、要件を満たす

ことができれば利用を検討してみるのも手です。

概要は、現在2500万円までの資産の贈与を受けても、それに対して贈与税を課さず、相続時に一括課税するというものです。万一2500万円を超えた場合には、その超える部分に対し一律20%の贈与税を支払います。相続時には当該贈与財産を相続財産に含めて相続税を算出し、そこから支払った贈与税を控除します。

この制度の最も評価すべき点は、相続時点で相続財産を評価しますが、本制度を用いて贈与された財産は、**贈与時の時価で評価される**ということです。

たとえば2500万円の土地を親から貰ったとします。10年後に親が死亡しましたが、その土地の値段は5000万円に値上りしていました。それでも当該土地の評価は2500万円のままだということです。このようにインフレ（物価上昇時）時には節税効果が大きくなります。ということは、デフレ（物価下降時）時には、逆効果となります。

故にインフレ傾向が予想されるとき、値上りしそうな商品を狙って「相続時精算課税」を適用すると、大きなメリットが期待できます。

現在のヨーロッパ、アメリカ、日本などの脆弱な財務体質を改善するためには、各国中央銀行（日本では日本銀行）の紙幣増刷以外に方法なしと主張する方が多いようです。その結果としてインフレ期待です。私は経済学者ではありませんから断定的なことは申し上げられませんが、各国ともインフレでは痛い目に遭っています。直線的にそうなるだろうとは考えにくいのですが、ベクトルとしては頷ける部分もあります。

さてもう一点考えるべきことは、相続税、贈与税が将来的に課税強化される気配のあることです。イタリアでもスペインでも過激なデモが頻発していますが、その根底にあるものは富の分配です。10％の富裕層が90％の富を所有しているとの主張です。世界的な流れとして、富裕層に対する課税は強化されるのではないかと予想されるので、わが国も例外ではいられません。そのように考えたとき、相続税の増税は避けられません。

「相続時精算課税」を適用することができる要件は次の四つです。

①贈与者は65歳以上

②受贈者は20歳以上の推定相続人である子
③対象財産は特に制限なし
　この制度の趣旨からして、将来値上りすると予想されるものが望ましい（たとえば不動産、自社株式、金塊など）
④本制度の適用を受けると、贈与税の**暦年課税**（110万円まで非課税）を受けられない

自社株も本制度を適用すると、大きなメリットになる場合があります。父である社長が懸命の努力をして会社の業績を大きく伸ばしたとします。1株当たりの評価も相当な額になりました。創業間もないころ、わが子に本制度を利用して株式を贈与していたので大きな節税になったケースです。

また両親とも資産家の場合、一人の子どもが両親からそれぞれ2500万円ずつの贈与を受けると、合計5000万円の贈与を受けることができます。

12 贈与税の基礎控除、年110万円を利用して資産移譲

子供が生まれました。この子の将来のために、毎年110万円を大学卒業まで贈与し、子供名義の預金口座に入金しておきました。大学を卒業する時点で預金通帳の残高は、2420万円になっていました。この2420万円に対して贈与税はかかるのでしょうか。「贈与税はかかりません」というのがその答えです。

いくつかの留意事項はありますが、この方法は贈与税の「**暦年贈与**」制度を利用したものです。この暦年贈与には基礎控除が110万円あります。1年間の贈与額が110万円以下の場合には、贈与税はかからないことになっています。先程の子供さんの例は、この基礎控除を利用したものなので、22年間かければ2420万円は無税で贈与することができます。

しかし、ここで大きな留意点を挙げますから注意してください。

その子が1歳のとき、22年間毎年110万円ずつ贈与する旨の約束をしてはいけません。その

場合には約束した時点で、2420万円の贈与契約が成立したことになりますので、多額の贈与税を支払うことになります。あくまでも毎年110万円ずつ贈与した、という取り決めにすることです。

ですから毎年110万円ずつの均等額でなくてもよいのです。ある年は100万円、ある年は110万円、またある年は150万円にして4万円の贈与税を支払うのです（［150万円－110万円］×10％＝4万円）。

さらに注意すべき点は、1歳児の預金通帳をつくり、そこに毎年110万円ずつ入金していく際、その通帳の管理を贈与者（主に父でしょうか）がしてはいけないということです。通帳の管理はお母さんがやれば問題はありません。もし父が**通帳の管理**をした場合には、父から子へ贈与が行われたとはみなされず、単なる父親の資金移動とみなされます。子供が大きくなり、自分の意志で預金を管理できるようになれば問題ありませんが、乳幼児や低学年の場合には、実際に贈与である旨を税務署に印象づける必要があります。

贈与の場合、課税面で税務署とトラブルを起こす場合が多々あります。このトラブルを避けるため、贈与者が毎年「念書」を作成し、被贈与者に渡しておくことをお勧めします。様式は簡単で結構ですから、「いつ」「いくら」を、「誰に」贈与した旨が記載されていればオーケーです。これでおおかたのトラブルは防げます。

さらにもう一つ、本事例では大学卒業までとしましたが、これを30歳までとか40歳までとか延長すれば相当多額な資金を、税金を支払わず贈与することができます。その資金で父親の自宅を購入することもできますし、父親の会社の株式を購入することもできます。このことは父親の相続財産を減らすことにもなるので、立派な相続税対策です。現金の贈与に代えて、自社株式の贈与も可能ですので、検討されてみてはいかがでしょうか。

このテーマは、理論上はすばらしく良いものですが、実際にやっておられる方は意外と少ないようです。その原因として、一つは知らないこと、もう一つは長期間の根気が続かないということでしょうか。

13 親会社は1000万円の利益、子会社は1000万円の損失、さてどうする?

親会社は大幅な利益を出し、子会社は多額な赤字を出すなどということはよくあるものです。標題の数字では利益1000万円、欠損1000万円ですから、通算すれば利益は0になり、納税の必要がなくなります。

しかし現実的には親会社は1000万円に相当する税金を支払い、子会社は1000万円の欠損金を次期以降に繰り越していきます。9年間のうちに子会社が利益を計上できれば、その繰越欠損金は埋めることができますが、万一それができない場合には、欠損金は丸損になります。

そこでそうならないために、毎期の損益を親会社と子会社で通算できる制度があります。「**連結納税制度**」と言われるものです。親会社と子会社の財務諸表を合計して納税額を算出し、その結果得られた数値で課税していきます。そのため、標題のケースでは利益が0となります。

しかし一つだけ気に入らないことがあります。この連結納税を適用した場合には、子会社の過去の繰越欠損金は考慮されないということです。ただし平成22年度の税制改正で、一部の繰越欠損金は控除できるようになりましたが、基本的にはこの連結納税制度は、過去の巨額な繰越欠損金を有利に利用するという手法ではなく、**当期の親子会社間の損益を通算するための方法**だとお考えください。それだけでも充分なメリットはあります。

親会社もしくは子会社に巨額な繰越欠損金があり、この欠損金を何とか利用したい場合には、連結納税制度では役に立ちません。このような場合には通常「合併」を考えます。内部留保の充実した会社と繰越欠損金のある会社が合併した場合、財務内容は相当悪化しても、繰越欠損金があるため納税しなくてすむケースが多くなります。具体的に合併する場合には、クリアすべき条件がいくつかありますから、専門家にご相談することをお勧めします。

連結納税制度も合併も、それなりに大きなメリットはありますが、中小企業レベルではまだあまり普及していません。その原因としては知識不足の部分もあるでしょうが、手続きの煩雑さが大きな隘路になっているような気がしてなりません。連結納税制度の場合、一度この方式を採用すると、**単独納税制度に戻ることはできません**。納税者の心理としては、この辺りの自由裁量がもっと多くなれば、普及スピードが高まると思います。

日本のデフレも、もう20年近く続いています。極端な不景気で、いつ脱却できるのか皆目見当がつきません。中小企業も例外ではなく、利益確保や納税資金確保に躍起になっているのが現状です。このようなとき、儲かっている会社と赤字の会社の利益を合算して納税できるシステムは朗報です。クリアすべき条件の緩和や、諸手続きの煩雑さが解消できれば、中小企業の間でも浸透していくものと思われます。

14 使途不明金と使途秘匿金のややこしい関係

実務面ではたびたびあることではありませんが、経理処理上、使途不明金が発生することがあります。少ない金額では日常的に起こり得るでしょうが、○十万円とか○百万円という単位では、そう滅多にあるものではありません。多くの場合、この犯人は裏リベートです。

社長に仮払金として支出していた金額が、いつまで経っても精算されず、経理担当者がその精算を催促すると「もう少し待ってくれ」の一点張りで、ついに決算期を迎えてしまう、このようなケースです。

第2章の12「接待交際費の節税術」でも説明しましたが、情報提供料の規約を作成し、その規約通りに支払っている分については損金算入が認められています。

しかし規約もなし、またはあっても規約に従わない金額を支払っている場合には、そのリベートは損金となりません。本件も、社長が渡した仮払金から裏リベートを出しているものと推測され、かつ相手方の氏名なども明言できないのでしょう。このような金額を**使途不明金**といいます。

処理方法としては、仮払金から経費科目に振り替え、さらに別表で自己否認して納税することになります。要するに、損金とは認められないことになります。これは取引先に対して支払った裏リベートを例にとった場合ですが、以前、社長が愛人に渡していたというケースを体験したことがあります。これも使途不明金です。

何に使ったのかわからない、またはわかっているけどその使途の明細を言えない、このような支出を使途不明金といいます。法人税通達によれば、「交際費、機密費、接待交際費などの名義をもって支出した金銭で、その使途が明らかでないものは、損金の額に算入しない」と定めています。

しかし使途不明金の処理は、会社側だけの処理で完結というわけにはいきません。受け取った側の処理も求められます。仮に受け取った人が個人であれば所得課税の問題が発生します。受け取った人が法人であるならば、その法人が収益に計上しているか否かが問われます。それでも相手方の氏名などを明言できないとき、「**使途秘匿《ひとく》金**」とみなされ、通常の法人税とは別に、40％の追加課税が行われます。

使途秘匿金という言葉は、あまり聞きなれない言葉ですが、税務調査の際、そのように認定されることがあります。わかりやすく言うと、会社が支払ったことは認めるけれども、どこに支払ったのか不明ということです。通常の法人税の他に40％課税するわけですから、地方税も含めればほぼ100％近い納税となります。

この使途秘匿金で面倒なことは、損金経理されたものに限らず、仮払金や前払金もその対象になるということです。ですから仮払金処理してあるから問題ないだろうと安心していると、使途秘匿金と認定されることもあるので要注意です。会社の規模に比べ**あまり多額な仮払金や前渡金**は、決算書上でチェックされますので、注意しなければいけません。

使途秘匿金は、なかなか理解しにくい項目です。そこで冒頭の社長の仮払金についてもう一度考えてみましょう。

社長が明らかにできない使途不明金が、実は社長の懐に入っていたとしたらどうでしょう。当然、役員賞与となり損金不算入となります。しかし受け取った社長は何ら課税されていません。それでも社長は自分が受け取ったとは言いません。この不公平感を是正するための措置だと考えれば、この難解な使途秘匿金もわかるような気がします。税務署は悪い方に考えますので。

15 短期間に多額な贈与をしたい。その方法とは？

贈与税の基礎控除額は、年間110万円です。1年間に贈与を受けた金額が110万円以下であれば贈与税を納める必要はありません。

それ故に、わが子に対し毎年110万円の贈与税を継続している方が結構いらっしゃいます。10年続ければ1100万円、20年続ければ2200万円の贈与を無税で行うことができるので、朗報であることに間違いはありません。しかしなかには、10年で1100万円では少なすぎる、もっと多くの金額を贈与できる方法はないだろうか、とお考えの方もいらっしゃると思います。

実はその方法があります。その方法とは、多少の贈与税を支払ってもいいから、贈与税控除後の手取り金額が多額になるというやり方です。たとえば年間110万円の贈与でなく、年間310万円の贈与を行うのです。そうすると、基礎控除額の110万円を差し引くと、課税価額が200万円になります。200万円の贈与税率は10％ですから、納付すべき贈与税額は20万円ということになります。

20万円の贈与税を支払っても、290万円（310万円－20万円）の正味受取額になるので、仮に10年継続すれば2900万円になります。

この方法は、**多少の税金は払ってもいいから、短い期間にたくさんの金額を贈与したい**という

年間贈与金額		贈与税		手取り	実効税率
110万円	−	0円	＝	110万円	0%
310万円	−	20万円	＝	290万円	6.4%
500万円	−	53万円	＝	447万円	10.06%
1,000万円	−	231万円	＝	769万円	23.1%

方には、うってつけの方法です。しかし税金は1円たりとも支払いたくないという方には相応しくありません。年間110万円の贈与で我慢してもらうしかありません。

ちなみに、金額別の実効税率は上の表のようになります。

親が資産家で、わが子が結婚することになったので、まとまった金額の贈与をしたい、とお考えの方々には、この贈与税つき高額贈与も検討の余地があろうかと思います。

ちなみに1年間に2000万円の贈与をした場合には、贈与税は720万円で実効税率は36％になりますので私はあまりお勧めできません。私が最もお勧めしたいのは年間310万円の案です。12月に310万円を、年明けの1月にさらに310万円を贈与すれば、2か月間で手取り580万円の贈与を行うことができます。

税金も比較的少ないですし、年間500万円まで（実効税率10・06％）との組合せである期間継続すれば、少ない税金で多額の贈与を行うことができます。

今述べてきたのは、1人に対する贈与の場合です。仮に扶養家族3人（妻・子供2人）に同時に行ったとしたらどうでしょう。この点は皆さん自身で計算してください。

わが国は、国家予算の約50％しか税収入がありません。残りの50％は国の借金（国債）で賄われています。平成24年、消費税の値上げも決まりましたが、これから財政の健全化を図るための増税は、避けて通ることができません。特に富裕層に対する課税は強化されていきます。相続税、贈与税も例外ではありません。

第4章

経営者と税金

01 税金は払いたくないという社長さん

平成24年度のわが国の一般会計予算は、90兆300億円です。このうち税金収入が47兆円、残りは国債発行となっています。理想論を言うならば、国債を発行せず、税収のみで国が運営できる状態がベターなのでしょう。国家予算の約半分が国債という借金で賄われている国は、先進国の中では日本だけだと思います。

なぜこのようなことを書いたかというと、国を運営していくための資金は、国民の一人ひとりが負担している税金によって賄われているということを明確にしたかったからです。石油などの資源が豊富にある国は、国民から税金を徴収しなくても資源を売却することによって財源が確保できますが、日本はそういうわけにはいきません。

誰しもできることならば税金は払いたくない、これが本音でしょう。ましてや税金の無駄遣いがアチコチで指摘されている昨今では、余計そう思います。しかし我々が税金を払わないと、道路も作ることはできないし、子供たちを学校に通わせることもできない、病気になっても安心して病院に行くこともできないという事態になってしまいます。本当は税金なんて払いたくないけど、仕方ないから払っている、というのが実情でしょうし、それによって国や地方行政が運営されているのも事実です。憲法でも国民の納税義務を定めています（日本国憲法第30条）。念のため。

そんななか、会社の税金は何としてでも払いたくないという社長さんに、何人かお会いしたことがあります。現在、会社の税金は、利益に対して約40％ですが、これを払いたくないというのです。ということは、税金を払わないためには、会社の利益を「0」にしなければなりません。赤字のときは問題ありませんが、利益が出ると従業員に決算賞与を出すとか、不要なものを購入したり、贅沢な飲食をしたりしてお金を使ってしまいます。

果たして会社の税金をビタ一文払いたくないと豪語していた社長さんたちの10年後は、どうなったでしょうか。結論から申しますと、そのほとんどの社長さんたちは、会社を潰しているか、業績不振による借金で苦しんでいます。

しかしこれは当然の帰結です。30年前の日本のように業績が右肩上がりの高度成長時代なら別ですが、その後の日本はデフレに悩まされ、企業の業績は大幅に悪化しています。会社の利益がゼロということは、税金は支払わなくても良いですが、内部留保金が蓄積されません。法人が負担すべき税金が利益の約40％とすると、その残りの60％は天下御免の資金として会社に残ることになります。

1年間に1000万円の利益を上げた会社は、毎年600万円ずつ内部留保金が蓄積され、10年経てばその金額は6000万円になります。こうなれば多少の不景気が来ても、借入金に頼ることなく自己資金で乗り切ることができます。

このように、会社の税金は1円でも払いたくないという考えに固執していると、会社を伸ばすことはできません。もっと厳しく言うならば、会社を潰してしまう恐れがあります。ですから次のように考えるべきです。

会社の利益を伸ばそう。社長である自分も納得できる給料を貰おう。節税は税理士さんとよく相談して目一杯やろう。それでも利益の出ているときは、変な脱税工作などせず適正に申告しよう。そして支払った税金の1.5倍相当分は、会社に天下御免の資金として残っているんだ、この内部留保金が将来不測の事態が発生したとき、会社や社員を救ってくれることになるんだ——と思うことが大切です。

私は職業柄、多くの中小企業の栄枯盛衰を目の当たりにしてきました。この事例とは反対のケースもたくさんあります。今は不況で苦しんでいるけれど、以前から会社の業績が良かったため、内部留保が厚く、借入金に頼らず自己資金で賄っている、といったケースです。このような事例には事欠きません。税金はいたずらに恐れてはいけません。赤字会社からとろうとはしません。適正納税の姿勢があれば充分です。

実は私はこの項目を書くことを躊躇《ためら》いました。なぜなら、私自身が税務署の回し者のように思われたくなかったからです。税理士として納税者の側に立ち、税務署と丁々発止で闘っている人間が、「税金を払いたくないという考えを捨てなさい」などと書けば、そう思われても仕方ないでしょう。

しかし企業は永続してこそ社員のためになり、社会に貢献することができるものと私は考えています。そのためには適正申告、適正納税が、必要不可欠になってくるのです。すべての税金の税率が大きく下がってくれると有難いのですが……。

02 現・預金は常時年間経費相当分を保有する

会社を経営していくうえで、現・預金は常時どれくらいあればよいのでしょうか。簡単そうで難しいテーマです。あなたはすぐ答えられますか？「将来のアクシデントに備えて、できるだけ多くあった方がよい」ぐらいのことしか言えないのではないでしょうか。

確かにそのとおりです。現・預金の常備額は、多い方が良いに決っています。年間売上の○％とか、総資本の□％、または限界利益の△％とかのモデル値があれば助かりますが、そのようなものはどの本を開いても書いてありません。

そこで私は以前よりこのテーマを追ってきました。いつも自由に使えることのできる現・預金はいくらあればよいのだろうか、そしてこの数値を中小企業の社長さんに提示することができたらどんなに喜ばれるだろうかと。

そして私なりの結論を得ることができました。

もちろんこのガイドラインは、私の主観であり、経験にのっとったものであることをお断りしておきます。そしてその結論とは、

「常時使用する現・預金の保有高は、1年間の経費相当分である」

ということです。

たとえば毎月の必要経費が500万円の場合には、6000万円ということです。毎月1000万円であれば、年間経費は1億2000万円になります。一見簡単にできそうにも思えますが、そんなに簡単ではありません。

一度御社の試算表をご覧になり、会社の現・預金保有高は、1か月経費相当分の何倍であるかをチェックしてみてください。12倍以上あれば合格です。

「禍福は糾《あざな》える縄の如し」で、好況と不況は交互にやってきます。好況だけが長期間続くことはありません。その後には不況が必ず訪れます。そんなときでも1年分の経費を支払えるだけの現・預金があれば、私の経験則上乗り切ることができます。

売上が落ち込んできても、一気にゼロになるわけではありません。その間には何らかの経費削

減策は考えるでしょうし、人員削減や売上向上策を考え実行しているはずです。これらの対策効果は遅行性で、当初いくらやっても効果は望めませんが、継続していくうちに少しずつ効果が現れ始めます。このようなわけで、1年分の経費予算枠は、実は2年間分の経費を賄うことができます。場合によってはそれ以上です。

年間経費相当分を現・預金で保有している会社は、実はリスク管理に対する考え方がある程度出来上がっています。将来、不況に陥ったらどうしようとか、東京直下型地震に見舞われたらどう対応しようとか、ある程度の考えはもっている会社に違いありません。

私の経験では、今は不況期ですから、どこの会社も経営は楽ではありません。しかし現・預金を年間経費相当分おもちの会社は、たとえ売上激減といった事態になっても、銀行借入れもせず何とか乗り切っています。このような企業はたくさんあります。

理想論を言うなら、現・預金保有高は2年分の経費相当額となりますが、これでは夢のような話になりますので、とりあえず年間経費分という尺度を頭の中に入れておいてください。

03 自己資本比率70%あれば経営は安定する

「自己資本比率」という言葉をご存知でしょうか。算式で示すと、

自己資本 ÷ 総資本

ということになります。要するに企業が経営のために使用しているすべての資本の中に、自己資本がどれだけ含まれているかを知る数値です。

総資本の額は、貸借対照表の一番最後に書かれていますから、すぐ知ることができます。これに対して自己資本の額は、資本金と剰余金の合計額で、貸借対照表の「資本の部」を見るとすぐわかります。

あなたの会社の自己資本比率を、実際に算出してみてください。何パーセントくらいになりま

したか？　実はこの比率が、非常に重要な意味をもっているのです。

私たちが実際に財務分析などをする場合、安全性・流動性・収益性・生産性などの分析を行います。このときの企業の安全性や健全性を判断する核となる指標が、この「自己資本比率」です。『会社四季報』などには「株主資本比率」と表記されていますが、意味は同じです。

この**自己資本比率**は、高いほど企業の安全性が高いのです。企業経営には必ずと言っていいほど、好不況があります。この比率が高ければ、不況の波もある程度乗り越えられます。借金の返済で苦しむこともありません。

自己資本の反対の言葉は「他人資本」といわれるもので、借入金や買掛金、未払金の類のものが含まれます。この自己資本と他人資本の合計が総資本ですから、自己資本比率が高いということは、借入金などの他人資本が少なく企業の安全性が高いといえます。不況時に資金繰りなどに追われる企業は、おおむねこの自己資本比率が低く、他人資本依存度が高い傾向があります。

それでは自己資本比率はどれくらいが適正なのでしょう。それは業種や規模などによって異なるので一概には言えませんが、**私は70％を目標にしています**。
自己資本比率が70％以上の企業では、そのほとんどで借入金はゼロ、資金繰りにも余裕があります。別の項目で書きましたが、手持ちの現預金残高が年間経費分以上という基準もクリアしています。要するに企業の安全性という見地からは、自己資本比率70％以上は一応合格と判断してよいかと思います。

皆さんの会社も、この70％を目標に経営してみてください。10年かかるかもしれません。いえ15年かもしれません。なぜならば、この自己資本を増やすには、資本金を増やすか、利益を増やすしか方法がないからです。

税引後利益の極大化を図り、剰余金という内部留保を増やすことが、自己資本比率の向上に貢献します。自己資本比率70％以上の会社を目指すことにより、いつの間にか無借金経営になっていることに気付かれることでしょう。

04 ドンブリ勘定は絶対にやってはいけない、会社を潰します

中小企業の中では非常に多く見受けられるケースで、私が最も恐れているものがあります。「ドンブリ勘定」というヤツです。要するに会社の金と個人の金とを明確に区分することなく、同じように考えて取り扱ってしまうという曲者です。

会社の業績が良く、資金繰りが潤沢であれば、その資金を社長個人のものと勘違いして会社の預金から引き出し、勝手に使ってしまうというものです。これをやっている限り、お金は貯まらないし、いつの日かビジネスは破綻してしまいます。私はこのような事例を数多く見てきていますので、声を大にして「**今すぐドンブリ勘定はおやめなさい**」と叫びたいのです。

次のような事例がありました。仕事には非常に積極的で、会社の業績もよく伸ばしている社長さんがいました。当然銀行預金の残高も少しずつ増えていき、それなりの金額になっていきます。そうすると理由もなくその社長さんは会社の預金からお金を引き出し、自分の遊興費に使ってし

まうのです。経理担当の女性は、その会計処理に困るので仕方なく「社長貸付金」として処理します。決算期になり、1年間の合計金額を算出したところ、その金額はなんと3000万円にもなっていました。その後も社長の遊びグセは止まらず、数年後、不況と社長貸付金返済不能で倒産してしまいました。

自分のお金と、会社のお金の区別のつかない人は、社長をやってはいけません。会社を潰します。その結果、ご家族、従業員、取引先に多大なご迷惑をかけることになり、これは大きな罪悪です。会社の倒産に責任を感じ、自らの生命を絶った人を私は何人か知っています。残された家族は悲惨でした。

これらの問題を解決することは簡単です。次の二つのことを完璧に守ってもらえれば防げます。

その一つは、会社の金庫をしっかり準備してもらいます。金属性の立派なものでなくて結構。机の引出しとか、市販されている安物で充分です。ドンブリ勘定をしている多くの会社は、この会社の金庫というのを明確にお持ちでないケースが多いようです。

もう一つは、たとえ社長といえども会社の現金や預金に、正当な理由もなく手をつけてはならないということです。たったこの二つでドンブリ勘定は防げます。生活費が足りないのであれば給料を上げてください。社長が急に資金が必要になり、持ち合わせがない場合には、完全返済を条件に会社が貸し付けをします。会社が資金不足になったら、社長さんは会社にお金を貸してください。このように明確に、会社のお金と個人のお金を区分管理することが重要です。

一人の人間でありながら、会社社長という公人と、プライベートの個人とを完全に使い分けることが、どうしても必要になります。

このような社長さんもいらっしゃいました。私も陰ながら尊敬していた人です。ご自分の給料は確か200万円くらいだったと記憶しています。しかし会社の預金残高は常時5億円以上ありました。そこで私もバカな質問をぶつけてみました。

「社長、たくさんの預金残高がありますが、個人的に使うとか、流用してみたいとは思いませんか」

そうしたら、次のような答えが返ってきました。

「いつも5億円は切らないように気をつけていますが、そのお金は会社のものだから、何とも感じませんね」。名回答です。

もう一人の社長さんの話です。二人でタクシーに乗りました。降りるとき二つの財布をとり出し、その中の一つの財布からタクシー代を支払いました。「どうして二つ持っているんですか」と聞いたところ、「一つは会社のもの、一つはプライベート用です」。

このような素晴らしい経営者も入れば、初めに挙げたような方もいます。「そんなひどいことをやっている会社が、いまどきあるんですか」と驚かれるかもしれませんが、小企業の現場では実際にあるのです。このレベルを卒業し、会社のお金と個人のお金に対する管理と意識の徹底を厳密にやらない限り、両者の繁栄は望めません。

節税対策も充分行い、血の滲むような努力を払う目的は、**経済・精神両面の繁栄**にあるのではないでしょうか。

05 社長の給料はどの程度が適正額か

社長の給料の適正額はいくらくらいでしょうか？　非常に難しい問題です。社長自身の人生哲学によっても違ってきます。

たとえば、会社に利益を計上する必要はなく、利益があればその分を社長の給料としてとってしまおう、という考え方。反対に、会社というのはいつどこで急に資金を必要とする場面に遭遇するかわからない、そのときのために会社はある程度の利益を計上し、資金を確保しておくべきだ、という考え方。

いずれの考え方も間違ってはいませんが、会社の利益はゼロでもよい、という考え方に賛成するわけにはいきません。

「税金は絶対に払いたくない」という強い信念から、利益が出たら社員の給料を上げたり、高額な賞与を出したり、備品などを買い換えたりして利益を圧縮し、そのうちに会社の業績が悪くなり銀行に借入金の申込みをするものの、軒並み断られてしまい、最終的には資金不足であえなく倒産……このような事例を、私は何度も見てきました。

金融機関は、社長の給料がどんなに高くても、会社に融資してくれません。社長の給料が高額な場合には、「社長さんが高給をとっていらっしゃるのですから、社長さんからお借りになったらどうでしょうか」と嫌味を言われるのがオチです。銀行がチェックするのは、あくまでも会社自体の業績内容であり、内部留保の厚さであり、将来性です。社長個人に関することは参考程度に評価するだけです。

給与所得の場合、所得税と住民税を合算すると、最高税率は50％になります。会社の税金の合計額は約40％です。最高税率は、個人の給与所得よりも法人の税率の方が低いということです。以前は、法人より個人の給与所得の税率の方が低い時期がありました。この当時は、税務調査の際、「過大役員報酬」として社長の給料をよく否認されたものです。最近では、社長の給料が相当高額であっても、否認されることがほとんどありません。会社として税金を納めるよりも、個人の給与として納税する方が、国の税収入は増えることになるわけですから（最高税率適用の場合）。過大役員報酬の判断基準が非常に難しいのも事実です。

企業経営の到達ラインの一つに「**無借金経営**」があります。無借金経営になるためには、会社の自己資本比率が、おおむね70％以上あることが必要です。私は常々、この自己資本比率70％以上という数値を提唱していますが、この状態に到達すると、多少の不況期が来ても自力で乗り切ることができます。乗り切るために必要な脂肪分を会社が蓄えているということです。資本金が巨額でない限り、自己資本は毎期の税引後利益の蓄積で増えていきます。利益が出ないと自己資本比率は向上しないし、会社が一生懸命頑張っても70％に到達するには、私の経験則上10年くらいはかかります。

会社の利益蓄積は不要なり、という見解に立てば、社長の給料を目一杯とることができます。この場合、社長さんがそのお金を無駄遣いせず貯めておけば、イザというとき役に立ちます。しかし現実は、初めのうちはそのつもりで貯蓄しますが、年月の経過に伴い使ってしまうケースが多いようです。これでは、何のための高給とりなのかわかりません。

それでは、社長の給料はいくらが適正額かについて、私見を提示してみます。

まず最低線ですが、ご家族の皆さんが生活できる金額の給料は確保しましょう。もしこの金額の確保が難しい場合には、社長さん、死に物狂いで働いてください。家族を養うためには当然のことです。

次に会社の税引前利益を対売上8％確保します。これは自己資本比率70％へのパスポートになります。これ以上の利益確保が継続的に可能な場合、社長の給料はいくらでも上げてください。**税引前売上純利益率8%という数値がキーになります**。悪くても5%です。この8%を上回る利益が確保できるのであれば、社長給料はいくらでも構いません。上限なしでよいというのが私の見解です。

ただしここで一つ注意すべき点は、たとえ高給をとっているからといって、贅沢な生活は敵です。将来はどのような展開になるのか読めないため、社長個人の立場で蓄えておく必要があります。

人間というのは、実に愚かなものです。好調の波がいつまでも続くものと錯覚し、つい酔い痴れてしまいます。はるか彼方から不況の波が近付いているのに気付かない。気付いていても何ら真剣に対策を講じようとしない。これではいけません。会社を破滅へと導いてしまいます。

「**禍福は糾《あざな》える縄の如し**」という格言がありますが、好調なときに褌《ふんどし》をしめ直す度量が必要になります。そうすることで、高給を維持しようではありませんか。

06 期中での役員報酬の増減は否認される。要注意！

役員報酬の金額は、通常株主総会で決定され、総会日の翌月から改定されるのが一般的です。原則として期の中途での増減は認められていません。もし期中で増減した場合は、その増減差額は否認され、損金不算入扱いとなり税金を支払うことになります。故に役員報酬の期中増減には細心の注意を払う必要があります。減額の場合には、若干の情状酌量の余地がありますが、**増額の場合には情容赦なく賞与扱いとなります**ので、期の中途における役員報酬の値上げは慎んでください。

役員報酬が増額されやすいケースで最も多いのは、役員報酬を業績不振のため減額してきたけれども、ある時期から急激に業績が回復し、資金繰りが良くなってきたという場合です。このような場合、会社の節税対策の一環として値上げが考えられます。もう一つは少額給与からくる家計の逼迫感からの解放です。いずれの場合も増差額分は、損金として認められません。

事例で説明しましょう。
3月決算法人です。5月の株主総会では、役員報酬は値上げされませんでした。ところが夏ごろより業績が急回復し、社長の一存で月100万円の社長給料を150万円に引き上げました。8月末日支払分より実施です。
となると、当期の増額分は、
50万円×8か月（8月～翌年3月）＝400万円
です。この400万円が当期の損金不算入額となり、約40％相当額の160万円を法人の税金として支払うことになります。

特殊なケースですが、期中に2回も値上げして見事に否認されたという事案もありますので、期中での役員報酬の値上げはしないようにしてください。報酬の額も少なく、値上げしたい要求が根底にあり、なおかつ、今期の好業績が期待されるような場合には、既述したように損金算入可能な役員賞与の届出をしておくことをお勧めします。

期中減額の場合には、増額よりも多少扱いが緩くなっています。これは当然の話です。業績不振で会社が倒産しそうなとき、役員報酬を下げるとか、なしにするとかはよくある話です。

減額が認められる判定基準として、「**業績悪化改定事由**」というものがあります。これはわかりやすく言うと、会社の経営が非常に困難な状況にあり、報酬の減額やその他の対策を講じない限り会社の存続が危ぶまれる、という状態です。このように業績の悪化が不可避と認められる場合には、役員報酬の減額は認められますので、できる限り客観的な事実データを収集するよう心掛けてください。

たとえば得意先の倒産、不渡手形、大口得意先の経営悪化、売上の大幅減少、資金繰悪化に伴う借入金の増加などの事由が存在すれば、役員報酬の減額は認められるでしょう。

原則的な考え方として、**役員報酬の改定は株主総会にて行う**と決めておけばよいのです。その例外規定として期中での増減がありますが、減額はともかく、増額に関してはハードルが高いものと覚悟しておくことが必要です。

07 貸借対照表の数値は信用するな

会社の業績を判断するとき、**「損益計算書」**や**「貸借対照表」**の財務諸表を見ることがあります。専門家が財務診断する場合も、取引先の業績を調べるときでも必ず見る書類の一つです。

損益計算書は、1期分の損益状況を表示したものですから、粉飾があったとしても1期分だけで済みます。ところが貸借対照表は会社始まって以来の累計数値が表示されているので、もしこの数値の中に真実と異なるものがあるとすれば大変なことになります。実際に私はよく体験しますので、その留意ポイントを述べてみます。

まず貸借対照表（BS）の数値を盲目的に信じてはいけません。疑ってかかるべきです。

私が貸借対照表を見るとき、まず自己資本比率を見ます。資産全体の中にある自己資本はいかほどかという数値ですが、70％以上を「良い」、30％以下を「悪い」、その中間を「普通」と自分なりに判断しています。ところが、資産・負債を精査してみたら、とんでもない数値になったことがしばしばありました。

その犯人の一つが、**固定資産**です。税法上、固定資産の評価は、取得原価主義をとっていますから処分時価とはかけ離れているわけです。実際にあった事例でいえば、貸借対照表の表示価額は2億円となっていましたが、不動産鑑定士に評価してもらったところ、たったの3000万円でした。これなどは固定資産の水ぶくれで、税法で定めている方法なので間違いではありませんが、実態を表していません。

二つ目が**仮払金**です。まだ費目が確定していないので仮払金として処理されているだけで、資産価値はほとんどありません。仮払金が少額の場合はまだよいですが、何億とか何千万円の単位になったら疑ってみる必要があります。外国企業に対する仮払金3億円が、すべて回収不能な不良債権であったという事例もありました。仮払金に類するものとして、前渡金、前払金などもあるので、内容を精査する必要があります。

三つ目は**貸付金**。得意先に対するもの、社長に対するものなどさまざまですが、貸付金も回収不能になるケースが多いようです。これらもその実態をよく調べ、資産性の有無を厳しくチェックしなければなりません。

そして四つ目に**売掛金**です。不渡手形を出したにもかかわらず、全額売掛金として計上している場合もあります。また不渡手形は出していないけれども、3年以上も前の売掛金で、すでに回収を諦めているものを計上している場合もあります。また赤字決算のため、粉飾目的で知人の会社に頼みこみ、売掛金を計上しているような悪質の場合もあります。

さらに、営業権や特許権のような無形固定資産の類もあります。貸借対照表の価額のとおり売却できれば資産性はあることになりますが、そのほとんどは売却価値のないものが多いようです。

これら以外にも貸借対照表の資産の部に、売却時価以上の価額で表示されているものがたくさんあるケースがあるので、盲目的に信用することなく、疑いの目をもって臨み、精査することが大切です。

資産とは別で、**隠れ負債**（借入金、買掛金、未払金など）もあることに留意してください。

相当前の話になりますが、貸借対照表の総資産10億円の会社の内容を厳しくチェックしたところ、2億円に下がってしまったことがありました。

08 御社の売上は適正額でしょうか、すぐわかります

回転率という言葉をご存知でしょうか。商品回転率とか売掛金回転率とか、いろいろな意味で使われますが、非常にわかりにくい言葉であることに違いはありません。しかし経営上は重要な意味をもっていますので、ここに取り上げてみました。

回転率を求める算式は、分子がすべて売上になるということを覚えてください。たとえば売掛金回転率を求める算式は、**年間売上を平均売掛金残高で除して求めます**。年間売上3億円の会社の平均売掛金残高が5000万円とすると、回転率は6回転となります。ということは平均的売掛金残高は平均月商の2か月分ということになり、ほぼ健全といえるでしょう。もし売掛金回転率が3回転となると、平均的売掛金残高は1億円となり、ほぼ月商の4か月分となり、明らかに過大売掛金と判断されます。

回収困難な得意先があるとか、売り方が甘いとかいろいろな原因があるのでしょうが、異常事

態を受けとめて真剣に対策を考えなければなりません。

ここで私が申し上げたいのは、この回転率を使って、御社の売上の妥当性を判断していただきたいということです。売上は、商品群、社員数、立地や面積の広さなどによって制約を受けますが、絶対的な判断基準は、**投下資本に対して適正な売上を確保できているか**、という点にあります。多額の資金は投入したけれども、売上がそれほど伸びないということであれば、それなりの対策を打つ必要があります。

投下資本の金額は、貸借対照表の一番下にある金額で「総資本」と表示されています。この金額は自分のお金と、借入金などの他人資本も含まれていて、事業で使っている総金額のことです。

年間売上を総資本で除してください。おそらく、1から5くらいまでの数値が出されたのではありませんか。これが「**総資本回転率**」といわれるもので、もし2の数値であれば2回転と判断します。つまり1年間に使用総資本の2倍の売上を達成しているということになります。

それでは2回転という結果は、良いのでしょうか悪いのでしょうか。私は3回転以上を良しと判断します。2回転では不充分です。御社の売上は、投下総資本から見て合格点でしたか、それとも不合格でしたか？

中小企業の経営指標によれば、中小企業1万1000社の平均「総資本回転率」は2.4回転となっています。しかし、私が実際に関与した中小企業の中で、好業績会社のそれは、ほとんどが3回転以上でした。回転数の低い原因としては、販売力が弱い、商品群が弱い、従業員数が少ない、立地条件が悪い、固定資産投資が過大などの要因が考えられます。売上が伸びないのであれば、投下資本の減少を考えるとか、反対にさまざまな工夫をして売上を伸ばすとかの対策をとらなければなりません。

ここで回転数の話をした狙いはただ一つ、投下資本から見た御社の売上の妥当性を決算書から判断してほしかったということにあります。

業種や業態により、判断数値は若干異なります。一概に判断はできませんが、**投下資本の3倍以上の売上を確保しないと、経営は成り立ちません。**2000万円でラーメン店をオープンしたなら、狙う売上は年間6000万円、1か月500万円です。この目標が達成できる商品メニュー、価格、立地、従業員数、営業時間などを組み立てることが必要です。

09

消費税預金を始めよう、納税のときすごく便利です

ご承知のように、赤字決算の場合には納税義務がありません。住民税の均等割額を除いては。ところが消費税だけは、たとえ決算が赤字であっても、納付義務が発生します。なぜなら、消費税はお客様からの預り金だからです。「そんなことは言われなくてもわかっている」とお叱りを受けそうですが、それならば私も言わせてもらいます。

「皆さんは、お客様からの預り金を売上と錯覚して、日々の資金繰りに流用しているんですよ」と。

決算期が近づくと、顧問先の社長さんと何回か打合せを行います。今期の損益状況とか、現在の問題点について話しますが、最後には必ず税金の話になります。そして私が「今期は赤字決算ですから、納付税額は住民税の均等割7万円だけです」とお話しすると皆さんは例外なくホッと

されます。しかしその後に続く私の言葉に、皆さんガクッとなります。

「しかし、消費税が○○万円あります。これはお客様からの預り金ですから、当然支払うことになります」

「えっ、そんなに高いんですか」

異口同音に出てくる社長さんの言葉です。

消費税は、お客様からの預り金であることなんかどなたも先刻ご承知のはずです。しかし実際に入金したお金を、ちょっとした支払いに充ててしまうということも、現実の経営ではありがちです。そして決算申告時期になって納付金額の多さを知り、資金調達に悩んでしまうのです。

前民主党政権のもと、消費税率が平成26年4月から、現在の5％から8％、翌27年には10％と、2段階で上がることになりました。売上が年間1億円の会社の消費税預り金は、約5％相当額の500万円です。これから支払い消費税を控除しますから（この控除金額は会社によって大きく異なる）、税務署への納付金額は年間で100万円から200万円くらいでしょうか。でもこの5％の税率が改訂されると、納付税額はさらに増えますから大変なことになります。

そこで、消費税の納付で慌てないようにするための、私の考えた方法をご紹介してみます。これは相当以前から提唱している方法ですが、実際にやっておられる方は喜んでくれています。非常に簡単なことですので、どなたでもすぐできます。その方法とは、

①消費税専用の銀行口座をつくる。

②月末に、当月入金額の５％相当分を、通常の銀行口座から引き出し、消費税専用の口座に入金する。

③消費税の納付は、専用口座から引き出して行う。

どうです皆さん、簡単なことでしょう。どなたにも今すぐできます。この方式を使いますと、消費税口座の残高は毎期少しずつ増えていきます。５％預って税務署への納付はその一部ですから、残高が増えるのは当然の話です。

この方法を実行するためには、まず**消費税はお客様からの預り金**で、自分の売上ではない、という認識を強くもつことです。だから別管理するんだということです。それと月末に一括して消費税口座に移動すると書きましたが、場合によっては売掛入金の都度としても構いません。むし

ろその方が正しいのですが、若干面倒になるので月末とした次第です。
これからは、資金繰りの中に占める消費税対策の比率が高くなっていきそうです。消費税の別口座保管、ぜひ実行してみてください。後々必ず喜んでいただけるものと、確信しています。

10 株式の短期売買取引に手を出すな！会社を潰します

株式投資には、**長期投資**と**短期売買投資**があります。長期投資とは、優良株などを資産の一部として保有する方法で、売買は頻繁に行われません。これはむしろ分散投資の一方法で、投資割合さえ間違えなければお勧めしたい方法です。これに対し短期売買投資とは、値上がりしそうな株式を探し（この反対もあり）、比較的短期間で売買を繰り返し、利益を獲得しようとする方法です。

「経営者は手を出してはいけません」と私が申し上げるのは、この短期売買投資の方です。あまりにもリスクが大きく、場合によっては自分の会社を潰すこともあります。潰さないまでも、業績を著しく悪化させる場合が少なくありません。

なぜそうなるのかと言うと、第一の理由は、株式の短期売買投資は非常に楽しいということです。それ故に仕事を忘れて取引に没頭し、会社のことを真剣に考えなくなる傾向があるということです。

現在ではパソコンのみで取引を行いますが、得しても損しても実にこれが楽しいのです。利益を得れば得たで嬉しいし、損をすればしたで悔しくなり、取り返そうと再度挑戦することになります。そのうち1日の中で取引に使う時間が次第に増えていき、会社の業務も疎かになり業績が悪化してくるという寸法です。損しても得しても、これが本当に楽しいのです。個人の資金がなくなると、今度は会社の資金に手をつけます。そして結果は大損です。

私はこの短期売買投資は経営者にとって**麻薬的存在**だと思います。周囲の人々から株でいくら儲けたという話を聞いても、企業経営者はその道に入りこまないように注意してほしいものです。

私がおやめなさいと申し上げる第二の理由は、この道で儲けるためには通常の逆発想で対処しないと勝てないという現実です。一般の人々にはこの辺りの事情が、なかなかわからないのです。

株式を買ってみたいなと思うときは、上昇している時です。実はこの時は売り時であったりします。いわゆる「高値摑み」というヤツです。下がってくると不安になり、売り抜けようとします。下がり始めならまだ良いのですが、ボトムで売ってしまうケースが実に多いんです。後になってみれば、実はその時が買い時だったりします。いつも通常私たちが考える逆に入ります。ですからいくら長い期間投資しても儲かるどころか損ばかりというのが一般的なアマチュアの姿です。

私の周辺で株式投資で大きく設けたという人は、ほとんどいません。その逆で、会社の業績を悪化させてしまった人は何人もいます。その代わり、何十年も前から保有している資産株の含み益が大きくなり、喜んでいらっしゃる方もいます。これは長期投資です。

企業経営者にとって、麻薬的存在ともいえる株式の短期売買投資も、サラリーマンにとっては有益な勉強テーマかも知れません。まず経済のことを勉強します。ある程度は学ばないと前へ進めません。さらに彼らには、良い意味で制約があります。会社に入ったら仕事に追われるわけですから、株式のことなど考えている時間的余裕がありません。さらに金銭的な余裕も、経営者ほどはないと思います。

それに比べると経営者の場合には余裕があります。この余裕が悪さをするのかも知れません。

東証一部上場の会社社長が、株式投資に失敗して会社に多大な損害を与えたという事件もありました。本業に全精力を傾注し、良い結果を出していくのが、企業経営者の本来の姿です。

11 借金する人、借金しない人の分水嶺は「生活習慣」にあり

すき好んで借金する人はいないと思います。本当は借金したくないのだけれど、やむを得ない事情でその場を乗り切るために借金しました、と弁明するでしょう。そのとおりだと思います。会社とて同じことです。売上が低迷し、資金繰りが悪化したため従業員の給料や買掛金が支払えない、そのために借金するわけです。安定した企業経営をするためには、無借金経営が良いことは先刻承知のはずです。将来何が起きるかわかりません。大口取引先の倒産、従業員の大量退職、売上の極端な落ち込みなど、経営者を悩ませる問題が山積しています。企業経営の要諦は、これらのリスクを事前にある程度想定し、万が一のための調整弁を用意しておくことにあります。

そのためには、毎期の利益獲得に全力を尽くし、**自己資本比率70%、現預金準備額が年間経費**

相当分以上になることを目指せばよいのです。そこに到達するまでには、ある程度の時間がかかりますし、その間の努力は相当なものです。

しかし、苦労してそのラインに到達すると、後々の企業経営には若干の余裕が生まれますので、精神的には相当楽になります。

ここで、もう一度考えてみましょう。

会社の業績が悪化し、資金繰りが苦しくなったから借金をしたのでしょうか。これならノーマルです。しかし「何かあったら借金して乗り切ればいい」と簡単に考える人は要注意です。このような人は借金依存体質があるが故に、全精力で本業に取り組まず、その結果業績を悪化させてしまいます。そして借金をしまくり、挙句の果てに会社の倒産です。

私は長年会計事務所と経営コンサルタント業務をやってきましたから、数多くの経営者にお会いしてきました。そのなかで強く感じたことは、資金繰りが悪く多額の借入金がある会社の社長さんは、借金をするという行為に対し、免疫力が出来上がっているな、ということでした。ということは、借金することにあまり抵抗がない、言い換えれば、将来利益が出て返済すればそれでいいだろう、と考えているということです。

それに引き替え無借金会社の社長さんは、借金をするということに対し非常に神経質で、むしろ罪悪視しているような感じさえ受けました。

借金という救済方法があるから本業に全力で邁進しないのか、借金は悪だと認識しているから、そうならないために一生懸命頑張るのか、二通りのタイプの方がいらっしゃるようです。


これらの経験を通じて私が感じた結論は、**借金をする人としない人の分水嶺《ぶんすいれい》は、借金をする習慣があるかないか**にかかっているのではないか、というものでした。

会社経営に限らず、私生活を見ても同じことが言えます。金銭感覚にルーズな人は、銀行やカードローンを使い借りまくっています。片や借金嫌いな人は、どんなに苦しくても節約していかなる借金もしません。この差ではないのかなとつくづく思うときがあります。

借金依存体質が強くある人は、企業経営者には向きません。あまりにも危険です。


しかしご安心ください。借金に対し免疫力があり、借金することに何の抵抗もない人が、ある期間、資金潤沢な生活を送ると、コロッと変わってしまうことがあります。無借金生活に慣れてくると、借金するのが怖くなってくるのです。一度お金に困らない生活をしてみましょう。そうすると、今まで借金することを当たり前のように思っていた人が、大変身します。

会社経営もまったく同じです。資金繰りに窮したとき、どこから借金しようかと安易に考えるのではなく、借金しないで乗り切るためには、何をどのように節約または縮小すればよいのかを真剣に考える習慣が必要です。

しかしこれがなかなか難しいようです。「今の不景気は一時的なもので、将来必ず景気は回復する。そうすれば当社の資金繰りもきっと楽になる。それまでのツナギ資金だ」と自己弁明する経営者がいかに多いことでしょう。

住宅ローン以外の借金は、罪です。やめましょう。そのためには、日頃から備えておくことが重要です。

12 社長給料の3分の1は給料ではない、非常時用資金

ここでは社長の給料の使い途について考えてみましょう。私は会社の利益が高水準で確保されているのであれば、社長の給料も高額で当然と考えています。しかしながら、その社長の高給が身を滅ぼすことにもなるし、また会社を救うことにもなるので注意が肝心です。

浪費型の社長は、給料が増えると酒・女・バクチなどの支出が増え、場合によっては自己破産まで突き進む危険性が大いにあります。今までお金で苦労してきた社長さんとか、初めて会社を起こし、予想外の好収益を計上している会社の社長さんに多いケースです。

ご承知のように遊興というのは習慣性が非常に強く、その道にハマリこむとなかなか抜け出すことができません。自分の給料が未来永劫右肩上がりで昇給していくのであれば問題ありませんが、残念ながら会社経営には好不況の波が必ずあります。不況になってくれば当然社長の給料も下がります。そうなっても、今まで続けてきた遊びグセはなかなか直すことができません。もちろん不況の兆しを感じたとき、自分の行動をチェックし自粛する社長さんもいますが、この人たちは少数派です。多くの社長が会社の資金繰りに苦労することになります。

「禍福は糾《あざな》える縄の如し」です。どこの会社にも好況の波と不況の波が交互に訪れます。不況から好況に転換できない会社はそのまま沈没する羽目になるわけですが、現状を正しく認識し、並以上の努力を続けている会社は必ず浮上してきます。

社長を、**勤勉型社長**と**浪費型社長**とに区分してみましょう。勤勉型社長は常にリスク管理意識をもっています。もし将来、ウチの会社の売上が半分に落ちこんだらどうしようとか、従業員の多くが同時に辞めてしまったらとか、銀行の貸出しがある日突然ストップしたらどうしようとか、いつも考えているタイプです。少し神経質すぎるキライはありますが、浪費型社長よりマシです。恐らく勤勉型社長の場合は、前に相当苦しい思いをした経験があるのでしょう。

これに対して浪費型社長の欠点は、「現在の好況が将来も継続的に続くんだ」と楽天的に錯覚してしまうことです。勝手な都合のよい思い込みです。過去に大きな金銭的な苦労をしたことがないのでしょう。勤勉型社長に比べると、将来に対するリスク管理が非常に甘いのです。

このような観点から、私は世の中の社長さんに提言し続けていることがあります。それは、**自分の手取り給料の3分の1は、給料と思ってはいけない**、将来会社の資金繰りを救済する資金として、いつでも会社に貸付けできるように、別保管しておいてください、ということです。

小さい金額のように思えますが、これを10年間続けると結構な額になり、会社のピンチを救ってくれます。あなたの手取り給料の3分の1は、給料ではありません。だから会社の業績を上げ、自分の給料を高く貰えるように頑張りましょう。

13

借入金でなく、出資者を募って起業する

独立を思い立った多くの方々は起業を目指します。会社を設立し、心を新たに新ビジネスに取り組もうとしますが、その際、起業資金の不足分を、知人、友人、親族からの借入金で凌ごうと考えてしまう人もいます。ビジネスをスタートさせたら業績を上げ、なるべく早い時期に返済しようと考えますが、それがなかなか思うようにいかず、親しい知人、友人ともその借金が原因でケンカ別れしてしまう例も後を絶ちません。

そこで私からの提案です。

知人、友人、親族の皆さんに借金を申し入れるのでなく、「出資者になってほしい」とお願い

してみてはいかがでしょうか。

会社の株主になってもらうのです。どこが違うかと言いますと、出資金の場合は借入金と違って返済義務はありません。会社が潰れた場合には、その出資金は出資者の損失になります。出資者は見る目がなかったということです。その反対に業績を上げて会社の規模が大きくなった場合には、株主配当金を受け取ることができるし、経営に対する株主としての意見を述べることもできます。さらに好業績により、出資金の価値が上昇します。

ただこのように、自分以外に株主がいると、社長の独断ですべてを決定することができません。ワンマン社長にとっては、やり難い経営形態といえるでしょう。しかしこれからの時代は、何事も自分一人の考えで決めるスタイルよりも、多少モタモタしても衆知を集めて討議決定していくスタイルの方がよいのかもしれません。何でも自分だけの資金（不足分は借入）で勝負しようと考えず、気の合った仲間同士が助け合い、知恵と金を出し合って展開するビジネスも面白いのではないでしょうか。

すべてを自分一人で取り仕切り、利益もすべて一人占めするという考え方には限界を感じます。出資者を募る方法は、株主からの発言がありますから面倒ですが、それを取り仕切っていける能力のある方が社長に適しているのかも知れません。

この場合、注意すべき点が二つあります。その一つは、**あなた自身の持株比率を51％以上キープする**ことです。経営権のことを真剣に考えるならば、3分の2以上欲しいところですが、これでは他人資本を導入するメリットが低くなってしまいます。最低でも51％の株式数は保有するようにしましょう。

もう一つは、**年間の株主配当金は10％を維持する**ことです。いま周囲を見渡して、年間利回り10％の金融商品があるでしょうか。年間5％はあっても、10％はありません。

この高額配当を実施していれば、株主からの苦情はあまり聞かれません。口は出さなくても、安定配当が入ってくれば株主は満足してくれます。

株主を募る場合には、年間10％の配当をする意気込みと、その利益を確保する血の滲むような努力とが求められます。3000万円の資金で新ビジネスを行う場合、自己資金1500万円、1名100万円×15名でも可能です。

14 社長借入金には、利息を支払わない方がよい

私の目指すところは、**自己資本比率70％以上の無借金会社**を育てあげることです。そんな私の指導のもと、随分たくさんの会社が育ってきました。しかし、まだまだ借入金に依存している企業も少なくありません。特に金融機関からの借入の前に「社長借入」に頼っているケースも多く見受けられます。何せ緊急のときにすぐ間に合いますし、難しい審査もありませんので、非常に便利です。

さてこの社長借入金に関することですが、あなたの会社ではこの社長借入金に対して利息を支払っていますか。通常の金利であるならば、支払っても何ら問題はありません。会社の損金となりますし、社長の方は確定申告すれば事足ります。

ところが、金融機関が社長借入金を見る場合、会社が社長に対して金利を支払っているときは、**その借入金は他金融機関の借入金と同じように見るそうです。**

ということは、当該銀行の貸出枠は狭くなり、それだけ不利になるわけです。反対に社長借入

金に対し金利を支払っていない場合には、**その借入金を自己資本とみなします**。結果として借入金であるにもかかわらず、資本の一部とみなされるので、会社としては有利になり、融資を受けやすくなるという寸法です。

銀行などの金融機関が社長借入金をそのように判断するのであれば、資金調達という面からだけ考える限り、社長借入金に金利は支払わない方が得策と言えます。税務調査の際にも、この点は何ら問題になりません。

反対に、社長に対して貸付金がある場合には、市場金利を徴収しなければなりません。徴収していない場合には税務調査の際、認定課税されるので要注意です。貸付金の金額が多く、過去何年間も利息を計上してない場合には、3年間とか5年間遡って課税されますので、結構な金額になります。

一方、**社長借入金**という科目は、税務署から大いに注目されます。なぜかと言うと、借入金となった原資の中に、不正な資金が紛れ込んでいないかどうか、税務署は目を光らせているからです。

たとえば売り上げを除外した資金、架空仕入や架空経費として支出した資金、仕入先から受け取った簿外リベートなどの資金が入っていないかどうかを厳しくチェックします。ですから、毎月の社長給料から積み立てられた資金を貸し付けるのであれば何ら問題はありません。この点はよく注意してください。

時々あるケースですが、社長の奥様が給料をもらっていて、その資金を会社に貸し付けたのに社長借入金として処理している場合です。これは奥様からの借入金とするのが正しいでしょう。担当官によっては社長への贈与とみなされることもあります。

15 社員旅行はヨーロッパに限る

従業員の福利厚生の一環として、ヨーロッパへの社員旅行を企画されてみてはいかがでしょうか。国内旅行やアジア方面への旅行をとばして、いきなりヨーロッパ提案ですからビックリされると思いますが、従業員さんは本当に喜んでくれます。国内旅行は行きたくない、海外旅行でもアジア方面には興味がない、しかしヨーロッパなら是非行ってみたいという人が大半です。ウソだと思われたら、一度従業員に発表してその反応を確認してみてください。日数の関係で主要都市しか行けませんが、多くの方が喜びの声を上げてくれます。

私の事務所では、16回海外旅行を実施していますが、その大半が行先はヨーロッパです。ヨーロッパ以外では、香港、シンガポール、ニューヨーク、カナダ、台湾に行きました。ということは、11回はヨーロッパに行ったことになります。主要都市のほとんどは従業員研修旅行（何の研修もしません）として一度は訪ねています。毛色の変わったところでは、ポーランドのアウシュビッツ収容所やモナコ、アルルなどの南フランス地方がありました。

原則的に、**税法の許す4泊6日以内**で行きますが、どうしてもその範囲で収まらない場合には、賞与として給与課税します。それでも従業員は誰一人として文句を言いません。税法では4泊5日以内と定めていますが、帰りに深夜便を使うと4泊6日になります。これは認められますので海外旅行、特にヨーロッパの場合は、この方法をお勧めしています。

なぜ私が従業員旅行にヨーロッパをお勧めするかといえば、アジア旅行に比べ費用面で大差ないというのが第一の理由です。アジア旅行でも10万円前後は必ずかかります。それに現地での会社負担の宴会費用などを加えたら、すぐ15万円くらいにはなります。ヨーロッパ旅行でもピンキリですが、安いツアーを探してみれば、総費用一人20万円くらいで行くことができます。

第二の理由は、従業員が喜んでくれる旅行だということです。彼らは国内やアジアには拒否反応を示すけれども、ヨーロッパ旅行はウェルカムなんです。

第三の理由は、ヨーロッパを訪れることにより、日本やアジアとは異なった文化・風習に触れることになり、この感覚が実に新鮮で今までにない思考パターンをもち始めます。初めのうちは批判していた従業員も、2〜3回続けて行くと段々とかぶれてきます。景気が悪くて海外旅行に行けない年があると、彼らから催促の声が飛んできます。「社長、今度の旅行はどこへ行くんですか?」

従業員旅行に関する税法のお話をしましょう。次の3点から脱線しなければ、会社の損金として認められます。

①従業員の過半数が参加すること

②4泊5日以内であること（4泊6日は既述のとおり）

③費用が社会通念上妥当な金額であること

実は③の費用の項目が最も関心のあるところですが、ハッキリした金額は明示されていません。おおむね15万円くらいまでと考えておいてください。ただし、この金額の是非は絶対額で判断されることはありません。旅行の内容により厳しくチェックされます。

たとえば4泊6日のヨーロッパ旅行で、一人当たり20万円かかりました。内容を吟味してみても、贅沢な部分はありません。結果的にOKでした。しかし2泊3日の旅程で韓国へ行きました。飛行機代は往復ともビジネスクラスで、ホテルも超一流、一人当たり20万円かかりました。おそらく私の経験則上、この韓国旅行費用の一部は損金算入が否認されると思います。あまりにも贅沢過ぎるからです。社会通念上、妥当な金額とは到底言えません。

パック旅行であっても、必ずどこかに自由行動の時間があります。私はこの時、2時間程度の時間ですが、仲間と一緒ではなく、一人だけで歩いてショッピングやら見学やらをしなさいという指示を出します。その後には合流してもいいのですが、このたった2時間の単独行動が思わぬ効果をもたらしてくれました。自立心です。

現地の言葉も満足に喋れず、助けてくれる人もいないとなれば、不安だらけで大いに緊張します。この局面をいかに乗り切るか、彼らは必死に考えます。そしてこれが2～3回続いた後は、彼らからこの単独自由行動の要望が出るようになりました。もちろんこのテーマは、私が安全だと太鼓判を押せる街でしか実行しません。

功罪いろいろあると思いますが、もし従業員慰安旅行をお考えであれば、いっそのこと思い切ってヨーロッパへ飛んでみてはいかがでしょう。まだ旅行を実施されていない会社でも、私はお勧めします。社内の結束力は強まり、何か事が起きてもあと1年辛抱しようという精神が芽生えてきます。費用をかけると利益もついてくるのです。

最後に一つだけ注意します。不参加者に金銭を支給しないでください。給与課税されます。会社の規模にもよりますが、原則全員参加型がよいでしょう。

16 役員の葬儀は、社葬がよい

私の家の近くに、長い間寝たきりの「おばあちゃん」がいました。つい3か月ほど前、そのおばあちゃんが亡くなった旨の連絡を受けました。ごく隣近所ですから、当然、お通夜とか告別式には参加するつもりで、その日はいつかいつかと待っていたところ、そのおばあちゃんの葬儀は「家族葬」で取り扱いますとの連絡を受けたのです。今まで家族葬の体験がなかったものですから、「家族葬って何なの?」という感じです。一般の人々はその葬儀に参加できず、ごく限られた身内だけで行う葬儀なんだと、そのときに気づいた次第です。

しかしよく考えてみると、この家族葬は実に理に適ったものだと痛感しました。交友関係の少なくなったご老人が、一般葬をやって果たして何名の参拝者が来てくれるだろうか。またいくらの葬儀費用がかかるのでしょう。先の見えない不景気のなか、多額の費用支出が是か非かを考えたとき、ごく自然に家族葬という一つの葬儀パターンに辿りついたのでしょう。

しかし、会社の役員の場合には、このようなわけにはいきません。特に社長さんともなればなおさらです。葬儀会場を使用しての葬儀には、多額の費用がかかります。そこで役員さんが死亡した場合には、社葬で執り扱うことを私はお勧めします。なぜなら、一部の葬儀費用は会社の経費として処理できるからです。すべての費用が損金経理できるわけではありませんが、次のような区分がありますのでご留意ください。

①会社の費用でできるもの

▼式場運営費　▼供物　▼霊柩車　▼棺
▼案内状　▼会葬礼状　▼読経料　▼お通夜の費用

②会社の費用でできないもの

▼法事の飲食代　▼墓石代　▼墓地の永代使用料
▼戒名料　▼位牌など遺族が個人的に負担すべきもの

社葬費用について考え方は、本人の功績などから相当と認められるもの、また法人の負担する費用が社葬のために通常必要とされるものであれば、法人の損金算入が認められています。

香典については、会社が受け取った場合には会社の収入になりますが、個人が受け取った場合には所得税がかかりません。ただ香典返しは自己で負担することになります。また個人で葬儀を行った場合には、相続財産から葬儀費用は控除することができますが、法人葬の場合には控除することはできません。

約半年ほど前のことですが、私の知り合いの社長の母上がお亡くなりになりました。彼女は平取締役に就任していて、主に経理部門をとり仕切っていました。もちろん葬儀は社葬で、私も告別式に出席させていただきました。会社の規模を私は知っていましたが、その葬儀に参列した人の数、花輪や献花の数、弔電の数などどれをとってみてもケタ外れだったのです。私は驚嘆しながらも、改めてその会社の力を見せつけられた感じでした。

社長やご母堂の人徳の賜だとは思いましたが、人間が亡くなった後、その死を悼む催物が、好むと好まざるとにかかわらず、会社の力をごく自然に見せつけるものだと、強く感じたものです。

17 赤字のときは減価償却をしない

会社の業績が赤字のときは、減価償却をしないという考え方があります。減価償却をすることにより、赤字幅はさらに拡大します。銀行などに決算書や試算表を提出する場合には、減価償却分だけ赤字が膨らんでしまいます。もちろん銀行が審査する場合には、その点も充分考慮して判断しますが、財務諸表の数値を見られたときの印象は悪くなります。財務諸表の提出は何も銀行ばかりではありません。得意先とか、仕入先などに提出する場合もあろうかと思いますが、減価償却をしているかしていないかは、結構気付かないものです。

減価償却をしなかった場合、翌期2年分まとめてできるかというと、それはできません。故に償却可能年数はドンドン長くなります。以前は過去の未償却分もまとめて償却できた時期もありましたが、現在ではそれはできません。

それでは減価償却をやらない本当の理由は何でしょうか。それは**繰越欠損金がらみの問題**です。欠損金を繰り越すことのできる年数は、7年間から9年間に延長されました。ということは、どれほど会社に欠損金があっても、9年経過すると次年度に繰り越すことができません。9年間も赤字が続くとは一般的には考えられませんが、現実にはこのようなケースは多々あります。

毎年定められた方法で減価償却を行い、欠損金を増やしていっても、9年が経過するとその欠損金は消えてしまいます。それならば減価償却をせず、欠損金を少なくしておき、利益の出たときに償却する方が得策です。何年経過したからもう減価償却を行うことはできません、というルールはありません。

「赤字のときは減価償却をしない方がよいです」と私が申し上げるもう一つの理由は、すでに述べたように、財務諸表を見ればわかってしまうからです。赤字幅が少ない方が会社のイメージは良くなります。専門家がしっかり分析すれば、その収益力や安全性はすぐわかりますが、パッと見では気付かないケースが結構あるからです。

固定資産の種類や量が多く、償却額が多額になる会社は結構あります。償却前の数値が大幅赤字であり、その上に多額の償却費を計上すれば、赤字幅はさらに大きくなります。

大型の機械などを保有する製造会社や、たくさんの車輛を保有する運送会社などの年間償却費は、莫大な金額になります。場合によっては人件費に次ぐ大きな経費項目になる場合すらあります。たかが減価償却と侮ってはいけません。また償却を実施するしないという二者択一でなく、一部償却を行うことも可能です。

税法の規定では、「ここまでの償却は認めますよ」という考え方です。ですから、減価償却はしてもいいし、しなくてもよい。場合によっては範囲内での一部償却も可能です。減価償却費が決算書に計上されていて、それが一部償却だと気付く人は、会社からの説明を聞かない限りいないと思います。

18 苦しい道程だけど、無借金会社をつくりあげよう

過日、本当に珍しい社長さんにお会いしました。その人が言うには「この会社は赤字が大きいほどいいんです」。私も初めて聞いたセリフで本当にビックリしました。自分の会社が赤字になればなるほど良いなんて信じられません。話をよく聞いてみると、他にも会社を二、三もってい て、この会社は雇われ社長だそうです。出資もしていません。私の知らない事情があるに違いない、たとえば助成金とか補助金が受け取れる業種ではないだろうかと、勝手に想像してしまいました。

会社は赤字になればなるほど、預金が減ったり、買掛金や借入金の債務が増えていきます。そしてこの借入金が厄介な存在になってきます。不動産が担保に入るとか、代表取締役が保証人になる例が多いのですが、たとえ会社が倒産したとしても、この個人保証は逃れることができません。

故に、借入金のない会社にしようとか、借入金ゼロ運動を全力で推進しようとかの動きが出てくるのです。そこで各会社とも借入金は神経をつかい、返済を強力に進めて借入金のない会社を作ろうとしているのです。

しかし、そう簡単にできることではありません。でもその点をしっかり意識して業務を行えば、いつかは借入金ゼロの会社になります。私の実務面での体験によれば、借入金残高にもよりますが、10年から15年かければ借入金ゼロの会社をつくることができます。そのノウハウの一部を、次に記してみます。

①適正な税金は納めようと考えること

もちろん節税は充分行った後でのことです。税金は利益の一部をもっていきます。現在の法人に関する税金は約40％です。残りの60％近い金は、天下御免で会社に残すことができます。ですから、税金を払いたくないと堂々と言い切っている社長さんは、いずれ会社を潰します。内部留保が少ないからです。潰さなくても伸ばすことはできません。

では会社はどれだけの利益を確保すればよいのかと言えば、業績などにより差はありますが、売上に対し、年間約8％の純利益（税込み）が目標です。この数値を10年間継続確保してください。おそらく無借金になるか、それに近い状態になります。自己資本比率70％以上の形に近づきます。

②節約型でなく、攻撃型の経営に徹する

異論を唱える方もいらっしゃるでしょう。節約の精神は非常に大切です。しかし節約するだけで会社は大きくなってくれません。充分節税策を講じた後は、攻めに転じなければダメです。売上を伸ばします。そのためには、他社に負けない商品開発をしなければなりません。社員もボンクラでは売上を伸ばせません。優秀な人材確保や、その教育・育成に積極的に投資する必要があります。**節約すべき経費**と、**節約してはいけない経費**があります。

業績不振の多くの会社は、この交通整理がうまくいかず、何でも節約してしまうのです。それ故に失速してしまいます。ビジネス成功の基本は「攻め」にあります。時と場合により、専守防衛に徹することもありますが、これはケースバイケースでしょう。

③社長の趣味は「会社経営」

経営でもスポーツでも、さらには芸術でも、成功の分水嶺は「思い入れ」にあります。「レスリング界の世界№1になりたい」という思いが、吉田沙保里選手の13連覇につながりました。松下幸之助の水道哲学が、松下電器という会社を作り上げました。

「無借金会社をつくる」という強い思い入れが、あなたの夢を実現します。そのためには、社長のエネルギーを外へ逃がさず閉じ込めてしまうのです。これも生涯の趣味にしろとは言いません。会社の核を作り上げる期間のみで結構です。社長はいつも、会社経営のことを考え続けます。エネルギーを他に放出しません。寝ても覚めても会社の業績向上を考えています。この姿が会社の原動力となります。

19 社員表彰をして、モチベーションを高めよう

税法では、次の三つのケースに限定して、社員表彰した場合に給与所得として課税しないことにしています。

①永年勤続者表彰
②創業記念表彰
③発明・工夫表彰

ただし金額制限があり、社会通念上、相当額と定めていますが、具体的に金額の枠はありません。カタログなどから自分の好きな商品を選ぶことも認められていません。現金を渡して表彰することも認められていません。これらの規定に反した場合には、表彰を受けた社員が享受した経済的利益に対し、所得税が課税されます。

そこで私からの大胆な提案です。

給与所得課税されることを前提に、さまざまな社員表彰をやられたらいかがでしょうか。社員には、もちろん現金で表彰します。どうせ給与所得になるわけですから、品物よりも現金が良いに決まっています。社員も所得税がかかるとしても喜んでくれるはずです。これにより、職場内のモチベーションは大きく上がります。

会社側としては、実際に表彰のために社員に現金を支給するわけですから、当然その金額は経費として認められます。何の問題もありません。もしあるとすれば、給与所得課税される社員側にあります。それも税法の不親切な規定にあるわけで、会社に対してのものではありません。

表彰の内容とタイミングと金額を考慮して、現金支給による社員表彰をモチベーションアップのために実施されてはいかがでしょうか。

それでは実施する場合の留意点を次に記してみます。

①現金で支給する
②源泉税を徴収する（賞与と同じ考え方）
③継続実施を前提とする（できない場合は仕方ない）
④表彰金額を低めに抑える（継続実施のため）
⑤表彰項目を多くし、頑張った多くの人が受けられるように配慮する
⑥就業規則の中に表彰について明記するか、表彰規程を作成する
⑦年に1回ないし2回実施する

⑧役員を表彰するときは、損金不算入に注意する

私が提案しているこの社員表彰案は、経営者に多少のユーモア精神を求めています。ですから表彰項目も、生真面目なものだけでなく、発表を聞いた社員の皆さんが、アッと驚くようなものがあった方が楽しいです。また毎期表彰項目を少しずつ変更するのも一法です。金額もあまり多くしない方が効果大です。金額を多くすると、社員は次回もそれを期待します。そして外れた場合のショックは大きく、逆にこの社員表彰に嫌悪感を抱くようになります。

現時点では、初めに挙げた三つのケース以外は商品であれ現金支給であれ、所得税が課せられますが、税法にタッチしている私の個人的な見解としては、三つのケース以外でも社員表彰する場合には所得税は課税しないというのが良いように思います。表彰規程を作成しておくことが前提となってきますが、表彰は社員が大いに喜び、彼らがモチベーションを上げ、さらに業績を伸ばすことにつながると思います。

20

子会社への債権放棄は寄附金とみなされ、損金にならない

某社の決算打合せを行いました。通常、財務諸表の叩き台を用意して、社長や幹部社員と意見交換をするのですが、私はある点に着目しました。売掛金の中に、過去何回かの打合せの中で見慣れたA社の名前があったからです。金額も７００万円くらいあったので、このA社の売掛金は何年前のものなのかとか、充分な督促はしているのかなどの質問をしました。

そこで判明したことは、A社の売掛金７００万円は3年前のものであり、督促も毎月行っているが、いつもノラリクラリの言い訳でこの3年間1円も払ってもらっていないとのことでした。従業員給料の遅配も起きており、ベテラン社員も次々と退職しているようです。

私は次のようなアドバイスをしました。売掛債権に対する社長の個人保証をとるか、それもダメで復興の見通しがたたない場合には、思い切って債権放棄をしましょうという内容でした。後日談ですが、社長の個人保証がとれなかったので、７００万円の債権放棄を事業年度内にしたそうです。賢明な判断でした。

営業社員にとって700万円の貸倒損失は痛手です。当然経理にとっても同様です。しかし注意していただきたいことは、売掛金700万円を貸借対照表（BS）に載せていることは、毎期280万円（実効税率40%として）の税金を支払っているということです。

もし700万円の貸倒を会社が認め、債権放棄をするならば、税金280万円を支払わなくて済むわけです。債権発生から1年で債権放棄するのは断腸の思いでしょうが、3年経過したら、販売時点での判断と処置が甘かったことを認めるべきです。私は回収できるか否かの判断を、社長の個人保証がもらえるか、3年間に少しでも入金があったかを原則的基準にしています。両方ともダメな場合は、債権放棄することを勧めています。それにより税金の負担を軽くしています。

通常債権放棄した場合、その金額は損金算入が認められます。利益が圧縮されて納付すべき税金がその分だけ安くなります。ですから私は、入金されるかどうかわからないものを資産に計上して余計な税金を払うよりも、入金不可能と判断したら売掛金から除外するための債権放棄を行いなさいと主張しています。

しかし子会社に対する債権放棄は要注意です。なぜならば当該債権放棄は貸倒損失とならず、親会社から子会社への寄附金と認定されるからです。寄附金とみなされれば、そのほとんどは損金算入することができません。これは痛いです。

税務当局は、親会社が子会社に行う再建のための債権放棄は、単なる利益移動と見ます。ですから、子会社に対する債権放棄は慎重にお考えください。子会社の債務を親会社が引き受ける行為も、債権放棄と同じように寄附金となります。

ただし、第三者が行う子会社の再建計画を支援するための放棄や、子会社を売却するときに行う債権放棄などは寄附金とはみなされません。

epilogue

おわりに

私の前著は『さあ起業しよう、そして成功させよう』というタイトルでした。私は起業することが好きなんです。そして他人様が起業し、挑戦し続けるのを見るのも好きなんです。なぜなら、そこには大の男が命がけで挑み、泥まみれになりながら成功という2文字を手に入れるプロセスがあり、そしてそこに「生きる素晴らしさ」を感じることができるからです。

「成功」には、大別して二つの意味があると思います。一つは経済的成功、もう一つは人格的成功。ビジネスで利益を生むと、その一定割合は税金として徴収されます。これにより国家が運営されているわけですから致し方ないのですが、同じ利益でも、節税対策を講ずることにより、その支払い金額に差異が生じます。

利益が一定の場合、納税額が少ないほど余剰金が増え、懐具合が良くなります。ところが不思議なことに、よく勉強して節税策を駆使した人が、必ずしも資産形成に成功しているとは限らないというのが現実です。

本来であれば、支払う税金が少ないだけ余剰金が増え、蓄財にプラスの影響を与えるはずですが、私の知っている限り逆現象が多いような気がします。その原因として私が思うのは、節税しているうちに税金を納めたくないという気持ちが非常に強くなり、ひいては脱税行為にまで及んでしまうのではないかということです。

脱税で摑んだお金は、丸儲けしたような錯覚に陥り、つい使いたくなってしまうものです。その結果、浪費癖が増大し、まじめに貯め込んだお金まで使い込んでしまうのではないでしょうか。節税は節税の枠に収めておいてください。くれぐれも脱税の領域まで欲を出さないよう、強くお願いしたいところです。

そして起業したら、税金は生涯の友となりますので、仲良く付き合いながら二つの成功を手中に収めてほしいと思います。

そしてエネルギーの多くを会社の業績向上に振り向け、その結果としてお客様に喜んでいただき、役員や従業員も喜べるような組織をつくってください。

陰ながらあなたの成功を念じております。

平成24年12月吉日

戸田裕陽

PROFILE

戸田裕陽（とだ やすはる）

▶税理士、経営コンサルタント。会計事務所勤務を経て27歳で税理士試験合格。合格と同時にプロの経営コンサルタントの道に進む。34歳まで経営コンサルタント会社に勤務し、その技法を習得。7年間のこの経験が、後に大いに役立つことになる。
▶34歳で戸田会計事務所、戸田経営研究所として独立。コンサルタントの仕事が楽しくて、50歳ごろまで研修・講演で全国を飛び回る。経営問題や節税対策に強い税理士としても活躍。近年、労務問題に興味をもち始め、労働法規を猛勉中。趣味は水泳・スノボー・大型バイク・サーキット走行・海外旅行。
モットーは「意あれば道あり、意のないところ道はなし」

【著書】
『会社の税金まだまだあなたは払い過ぎ！』（フォレスト出版）、『社長、あきらめるのはまだ早い！』（出版文化社）、『人を動かす137の法則』『叱って育てろ!!』『サラリーマン時代の考えは捨てなさい！ 独立起業を考える方への実践的アドバイス』（以上、文芸社）、『さあ起業しよう、そして成功させよう なぜ私は「独立」を勧めるのか』（万来舎）

戸田会計事務所所長、戸田経営研究所所長、
社会保険労務士、戸田事務所副所長
株式会社ビジネス・スタッフ代表取締役
株式会社セールスプロモーション代表取締役

戸田裕陽事務所
HP:http://www.todakaikei.jp
住所:東京都渋谷区宇田川町2-1
渋谷ホームズ908
TEL:03-3464-5830
FAX:03-3770-3054

賢く納めて得をする「税金」のヒント65

2013年3月15日　初版第1刷発行

著　者　戸田 裕陽
発行者　藤本 敏雄
発行所　有限会社万来舎
〒102-0072 東京都千代田区飯田橋2-1-4
九段セントラルビル803
電話 03-5212-4455（編集）
E-mail letters@banraisha.co.jp

印刷所　株式会社エーヴィスシステムズ

ISBN 978-4-901221-68-9